Letras canibais

Um escrito de crítica ao humanismo em educação

CB132410

Coleção
Educação: Experiência e Sentido

Rui C. Mayer

Letras canibais

Um escrito de crítica ao humanismo em educação

Autêntica

Copyright © 2004, by Rui C. Mayer

Capa
Karyne Quintella
(Adaptação do *Homem vitruviano* de Da Vinci, 1490)

Coordenadores da coleção
Jorge Larrosa
Walter O. Kohan

Editoração eletrônica
Waldênia Alvarenga Santos Ataíde

Revisão
Dila Bragança de Mendonça

Mayer, Rui C.

M4681 Letras canibais: um escrito de crítica ao humanismo em educação/Rui C. Mayer . – Belo Horizonte: Autêntica, 2004.

176 p. – (Educação: experiência e sentido, 4)

ISBN 85-7526-134-7

1.Filosofia da educação. I.Título. II.Série.

CDU 37.01

Ficha catalográfica elaborada por Rinaldo de Moura Faria - CRB6-1006

2004

Todos os direitos no Brasil reservados pela Autêntica Editora.
Nenhuma parte desta publicação poderá ser reproduzida,
seja por meios mecânicos, eletrônicos, seja via cópia xerográfica
sem a autorização prévia da editora.

Belo Horizonte
Rua São Bartolomeu, 160 – Nova Floresta
31140-290 – Belo Horizonte – MG
Tel: (55 31) 3423 3022 –
TELEVENDAS: 0800 2831322
www.autenticaeditora.com.br
e-mail: autentica@autenticaeditora.com.br

São Paulo
Rua Visconde de Ouro Preto, 227 – Consolação
01.303.600 – São Paulo/SP - Tel.: (55 11) 3151 2272

Nietzsche, d'*A Gaia Ciência*:

Vivo em minha morada,
Nada tomei de ninguém.
E ri-me de todo mestre,
Que de si não riu também.

Sobre minha porta, numa livre adaptação...

SUMÁRIO

Prefácio
Letras canibais: **contra uma educação messiânica**..........9

Capítulo primeiro
Permitam uma apresentação..........13

Capítulo segundo
Duas palavras introdutórias..........27

Capítulo terceiro
A natividade do homem teórico..........57

Histórico: da decadência socrático-platônica..........58

- *A antiga sabedoria e a idéia de* hybris..........58
- *O socratismo, berço da "Filosofia"*..........66

Uma fisiologia do *corpus* humanista..........73

- *Outra decadência: a* razão *histórica*..........73
- *Progresso humano* versus *afirmação da vida sublime*..........77

Capítulo quarto
Uma "Educação" para... ***a Salvação***..........87

Alguma crítica a uma "dialética" acrítica..........92

- *A "dialética": uma legislação para a História*..........92
- *A "Crítica" da alienação*..........103

O "Opressor/oprimido": *a síntese sincrética*......108

- *A* Práxis, *"união" da teoria e da ação*......108

Capítulo quinto

A demasia dessa *humana educação*......119

Sintomatologia da *educação humanista*......120

- *Exame e diagnóstico do* Homem Moderno......124

- *A mais feia humanidade*......129

E, por fim, *um alvissareiro anúncio de morte*......133

Capítulo sexto

Para uma crítica da atual "Educação"......143

Referências......169

Letras canibais: contra uma educação messiânica

Logo no início dos anos 50, o modernista Oswald de Andrade ousou inscrever-se num concurso para uma cadeira de Filosofia na Faculdade de Filosofia, Ciências e Letras da Universidade de São Paulo. Claro que não foi aprovado. Seria iconoclastia demais para uma academia ainda jovem, mas já ansiando pelos ares de tradição. No entanto, como o concurso solicitava uma tese, Oswald legou-nos um interessante e delicioso ensaio, intitulado *A crise da filosofia messiânica*, hoje disponível em um dos volumes de suas obras completas.

Dionisiacamente inspirado por Nietzsche, Oswald opõe, a uma cultura messiânica, uma cultura antropofágica. A primeira fundaria os patriarcados, a dominação, o temor e a seriedade; a segunda estaria no âmbito dos matriarcados, da solidariedade e da convivência, da amizade e da alegria. A partir dessa base, Oswald faz uma releitura da história da filosofia ocidental, expondo a tese de que a filosofia messiânica – a metafísica criticada por Nietzsche – encontra-se numa crise irreversível, perdendo terreno para uma filosofia antropofágica. A filosofia messiânica renuncia à vida, anunciando a bem-aventurança no além, depois dessa vida; a filosofia antropofágica, por sua vez, afirma a vida e, para além das verdades universais, prefere um conhecimento no qual "a alegria é a prova dos nove".

Seguindo as pegadas de Oswald, podemos falar que temos assistido também a toda a armação de uma "pedagogia messiânica". Essa educação está preocupada, de forma geral, em resgatar "aquilo que há de bom" no ser humano, formando-o em sua integridade e para alcançar todo o seu potencial. Se esse é o mote das pedagogias de cunho religioso, sobretudo cristão, também não deixa de ser o mote das pedagogias de caráter socialista que, a seu modo, também anunciam uma "boa nova", que é o mundo justo e fraterno a ser construído.

No Brasil, tivemos uma interessante articulação do messianismo cristão com o messianismo socialista em educação. Nada mais, nada menos, do que na obra de Paulo Freire, visto por muitos – no Brasil e no exterior – como o maior de nossos filósofos da educação.

Muitas críticas já foram construídas a Paulo Freire; mas quem ousaria *rir* desse verdadeiro *ídolo*? Pois bem, eis aqui, nesse livro de Rui Mayer, a coragem desse exercício. Assim como Oswald de Andrade *riu* da filosofia ocidental no ensaio que citei anteriormente, este ensaio de Rui *ri* deliciosamente da educação humanista proposta por Freire.

O livro de Rui Mayer, *Letras Canibais – um escrito de crítica ao humanismo em educação*, está escrito de forma clara, fluida e elegante. Acima de tudo, tem verve. Tem como um de seus objetivos, nietzscheanamente, mostrar os pés de barro daquele que é, certamente, o maior *ídolo* da educação brasileira: Paulo Freire. Quem ousaria querer tirá-lo de seu pedestal? Críticas a ele, já vimos várias, e certamente veremos ainda muitas outras. Mas, derrubá-lo de sua condição de ídolo, quem ousaria?

Pois bem, Rui Mayer ousou. Mais do que mostrar os pés de barro do ídolo Paulo Freire, a intenção deste livro é passar uma rasteira nesses pés, provocando a ruína do ídolo. Nesse aspecto, o trabalho apresenta originalidade, atualidade e relevância.

E é mais do que bem-vindo às nossas estantes, às bibliotecas dos cursos de Pedagogia, às nossas mesas de leitura.

O livro está muito bem estruturado, com capítulos, em geral, bem escritos e com bom encadeamento lógico. Os capítulos demonstram competência e independência intelectual do autor, em diálogo com a "tradição" filosófica. O que o leitor tem em mãos é um interessante ensaio de filosofia da educação, que aplica a proposta de Nietzsche de se "filosofar com o martelo", exercitando a iconoclastia, à literatura educacional brasileira contemporânea.

Um aspecto que me interessa ressaltar é a tentativa de se construir um diálogo da filosofia com a educação numa perspectiva não fundacionista. A produção literária em filosofia da educação no Brasil, assim como as disciplinas oferecidas em nossas universidades, via de regra, adotam uma perspectiva que afirma a filosofia como um dos fundamentos da educação. Rui, fiel a Nietzsche, busca novos elementos. Nessa busca, propõe abandonar a ética e a antropologia para dialogar com a educação a partir da epistemologia. É um caminho, que pode vir a render ainda mais frutos.

Um outro aspecto a ressaltar, agora para concluir. A letra de Rui traz o fogo da revolução. Este é um ensaio apaixonado e apaixonante, em torno da possibilidade de uma educação que seja, de fato, revolucionária. Mas não uma revolução que anuncie, também ela, uma "boa nova", uma "terra prometida", e sim uma revolução que tem a coragem do riso, sobretudo a coragem de rir de si mesma. Que seja, a alegria, a prova dos nove, como quis Oswald.

Encerro este convite à leitura das *Letras Canibais* de Rui Mayer com duas passagens do antropófago Oswald de Andrade, que penso iluminar a leitura e saudar a chegada deste providencial ensaio:

"Ainda uma vez hoje se procura justificar politicamente as artes, dirigi-las, oprimi-las, fazê-las servirem uma causa ou uma razão de Estado. É inútil."

"A arte livre, brinco e problema emotivo, ressurgirá sempre porque sua última motivação reside nos arcanos da alma lúdica." (*A crise da filosofia messiânica*, 1950)

"Só a antropofagia nos une." (*Manifesto antropófago*, 1928)

Sílvio Gallo

CAPÍTULO PRIMEIRO

Permitam uma apresentação

De *Marco Aurélio*[1], o respeito aos nossos mestres em espírito...:

> E desde *Georges Sorel*, a emulação para tornar-nos um epígono seu, já não em saberes ou intelecto – pois dele, mesmo longe, somos como pó de carvão-de-pedra para o diamante – e, sim, em valentia, para relermos de *Friedrich Nietzsche* algo daquilo que tanto já nos apaixonou... – sem jamais, no entanto, "erigi-lo" em um novo ou romantizado ídolo!

* * *

Que ninguém se iluda: temos aqui, tão somente, um texto resultante de alguns estudos teórico-conceituais nossos, para um curso que "fizemos" com muito gozo. O *Mestrado em Educação* da Universidade de Brasília – na área de concentração *Magistério: Formação e Trabalho Pedagógico* – e concentração específica em *Formação do Profissional da Educação: Ensino de Filosofia* – encaminhou e

[1] O *Imperador*, nas suas *Meditações*, inicia com uma homenagem àqueles que de bom marcaram o seu caráter, forjado em meio a uma ou outra batalha de uma guerra quase sem fim; como tampouco jamais conhecemos nós a segurança e o repouso intelectual, senão relendo às pressas alguns parágrafos entre as aulas assistidas ou ministradas, nós assim o imitamos; AURÉLIO, Marco. In: *Os pensadores*.

determinou esta pesquisa. Para cumprir suas determinações, tivemos de estudar e escrever nos limites do aceitável; tivemos de nos fazer aceitar com nossos pródigos defeitos. E assim é que sempre e ainda aqui nos ocorre uma dupla limitação, vale dizer, de um lado nossa ignorância, que nunca conhecemos bem, e, de outro, as exigências formais de um exercício acadêmico modelador; é nesse meio que nos temos debatido.

Nesta empreitada, é pretensão nossa reportar-nos ao referencial teórico de análise e crítica culturais, que surge com Friedrich Nietzsche, e que se desenvolve posteriormente com Michel Foucault e com Gilles Deleuze. Pretendemos, desse modo, entender e "julgar" (*criticar*, portanto, no sentido mais estritamente filosófico do termo) algumas limitações em nossa formação pedagógica, de eminente caráter metafísico-humanista e moralizante.

Tentando dizer melhor, estamos a criticar aquele conjunto de crenças, noções e valores historicamente tradicionais e socialmente hegemônicos – que haveria algo de *ser*/"síntese"/ *humano*, ou mesmo até um *dever-vir-a-ser*/ *humano* – os quais cercam o campo do "conhecimento pedagógico", que é o da educação, e que definem os discursos (e as práticas) *científico-humanistas* nossos ao tamanho e aos moldes "éticos" da cultura moderna – do humanismo[2].

***

Quase toda a tradição recente em educação – desde antes da *Revolução Francesa* até a estagnação cultural e política atuais

[2] Em *História da Filosofia*, podemos tomar o termo "humanismo" como aquele que "designa toda doutrina que situa *o homem* no centro de sua reflexão e se propõe por objetivo procurar os meios de sua realização [...]; o humanismo é a atitude filosófica que faz do homem o *valor supremo* e que vê nele a medida de todas as coisas; [...] *o humanismo* contemporâneo, sobretudo *dos existencialistas e de certas correntes marxistas*, *define* o homem como *o ser* que é o *criador de seu próprio ser*, pois *o humano*, através da história, *gera sua* própria *natureza*." JAPIASSÚ, H.; MARCONDES, D. *Dicionário Básico de Filosofia*, p. 132, *grifos nossos*.

– conforme seja entendida numa perspectiva liberal, de início, conforme seja depois numa perspectiva socializante (ora moderada, ora "radical" até) que se foi tornando a mais freqüente, essa nova tradição educacional pode sempre ser entendida de acordo com visões de mundo... humanistas, todas.

A *crença religiosa* do Medievo, sendo penosa mas progressivamente substituída pela *crença humanista* moderna (e com o título de "Filosofia"!), promoveu um *moralismo humanista* tal na educação e na pedagogia que já nenhum daqueles "olhares", agora tradicionais em nossa cultura, poderia se desviar do *Homem* ora em questão, de suas faculdades cognitivas, de sua capacidade e métodos em aprendizagem e ensino.

Uma noção "científica" e *moralmente* aceitável de *Homem* pôde variar com os interesses culturais e políticos dominantes e de época ou com os aspectos que lhe são destacados e valorizados também; e, assim, os discursos que justificam o humanismo educacional. Mas nela sempre haveria, parece-nos, uma constante totalizante que caracteriza as visões mais comuns e gerais em nossa época: a de um valor cripto-metafísico de um tal "ser humano".

Essa noção (formal, abstrata) de *Homem* conforma os "saberes" sobre educação, "saberes" que invadem nossos ouvidos estudantis e enchem, barulhentamente, as nossas cabeças e bocas professorais. Pense-se – e aja-se! – com uma barulheira dessas... Pois tamanha barulheira, essa da *educação humanista* prejudica (se é que não inviabiliza) qualquer pensar efetivamente rigoroso e agressivo em educação, como o de uma crítica educacional ampla e profunda – sem o atravancamento ético-humanista, e principalmente mesmo, para uma conseqüente ação destrutiva/criativa – a qual temos, com um Georges Sorel, pela ação a mais sublime possível.

***

Há, além do mais, um outro agregado cultural à *educação moderna*, coisa pouco mais recente. Trata-se dos encantos "dialéticos" que, em suas falas, os pedagogos recitam com fervor.

As visões humanistas de mundo, quando *neotradicionalistas* (positivistas ou neo-iluministas, por exemplo), tendem a enxergar a educação como um fator de moderação social, ressalvando sua função conservadora na história. Assim, para a *sociologia da educação* de um É. Durkheim, toda a pedagogia que parte de J-J. Rousseau ou mesmo para o pragmatismo educacional norte-americano, se a educação é resultado e garantia de progressividade político-cultural, o é enquanto reconhecimento e fortalecimento de uma nova tradição instituída na Modernidade.

Essa moderna tradição em educação é a do humanismo, já o dissemos; e o seu agregado tardio, a "dialética".

Os progressistas socializantes não se deteriam nalgumas possibilidades moderadas/conservadoras da educação: sem rejeitar o humanismo, pois que são bem modernos também, adquirem da *dialética hegeliana*, por meio de suas interpretações "marxianas" ou fenomenológico-existencialistas, toda uma maquilagem nova para a máscara humanista da metafísica moderna. Essa "dialética", uma racionalidade de caráter profundamente metafísico, é emprestada à ética e à ontologia humanistas para cobri-las e, assim, tentar disfarçar seu conservadorismo totalitário. Os resultados dessa moderna síntese teórica podem ser encontrados em todas as "ciências humanas", mas particularmente, parece-nos, na atual "*pedagogia científica*".

***

O encontro que se dá nos discursos educacionais, filosóficos ou *científico-pedagógicos*, entre a tradição iluminista/romântica do humanismo e uma *dialética filo* ou *semi*-hegeliana, nós o chamaríamos, num improviso provisório, de humanismo *dialético* em educação.

Essa "dialética-humanista" educacional seria um conjunto de crenças no valor do *Homem* e no seu *Progresso*, e no valor da educação no "progresso humano"; crenças que, na educação e em pedagogia, apresentam-se o mais das vezes como princípios/modelos ético-metodológicos para o conhecimento pedagógico, e que são justificadas por e sistematizadas conforme um referencial teórico-filosófico algo vago, mal-adotado e elaborado, cujos elementos buscamos apontar desde a cena intelectual européia de atrás, nos meados do século XX, à qual a educação ainda hoje se reporta:

> O humanismo, tal como corporificado no ego transcendental e no sujeito falante, [...], um *leitmotiv* que extraía sua autoridade das leituras antropologizantes de *Hegel* [...], *Marx* (especialmente dos *Manuscritos*, redescobertos nos anos 60), de Husserl e de Heidegger.
>
> [E particularmente, desde o influxo hegeliano:]
>
> Hegel define a "consciência" em termos de "autoconsciência" ou "consciência-de-si" e daquilo que ele chama de a "verdade da autocerteza". [...]. Falando em termos gerais, *a modernidade de Hegel* está centrada no desenvolvimento da idéia de um Eu que é definido como a negação do Outro. Trata-se de *uma caracterização que inspirou* não apenas *diversas versões do marxismo*, *teorias marxistas da "alienação"* (e do imperialismo[3]), *a fenomenologia* [...], *o existencialismo* e a psicanálise, mas também as filosofias da descolonização e da *libertação* cultural, tais como expressas por pensadores como Fanon [...] *e Freire (o "opressor" e o "oprimido")*.[4]

As nossas "ciências humanas" – ou "Humanidades", como que assimilando essa miríade de elementos, de um conjunto

[3] Já a teoria marxista-leninista do imperialismo, parece-nos, pauta-se antes por uma concepção histórica e econômica materialista e científica, do que pela dicotomia abstracionista do pensamento hegeliano; discordamos, aí, do autor. [Em tempo: Quando nos referimos, neste trabalho, à "dialética", estamos quase sempre nos referindo à *dialética hegeliana*, mesmo que nas suas versões *marxianas* acadêmicas, promovidas pelos revisionismos humanistas frankfurtiano, existencialista ou gramsciano/*neo*marxista: "a dialética pretende ser a chave do saber absoluto: do movimento do *pensamento*, *poderemos deduzir* o movimento do *mundo*; logo, o pensamento humano pode conhecer a totalidade do mundo" (e mesmo aquilo que "do mundo" não tiver sido dado à experienciação prática dos homens, como "valores universais" e "verdades absolutas"). JAPIASSÚ, H.; MARCONDES, D. Dicionário Básico de Filosofia, p. 71, grifos nossos.]

[4] PETERS, M. *Pós-estruturalismo e Filosofia da Diferença*, p. 59 e p. 55, *alguns grifos nossos*.

filosófico que se pretende paradoxalmente universal (pois que se trata, esse "*Universo*" humanista, de uma agressão ao intelecto), força a pedagogia dentre seus paradoxos. O "conhecimento pedagógico", dizem, é científico. Todavia, resume-se por vezes a pedagogia a uma defesa lamuriosa e flácida da socialização do e pelo ensino, da conseqüente mercantilização (direta ou indireta) da educação, e do conseqüente clientelismo (liberal ou "socialista") dos estudantes e professores, com o epíteto da "ética humanista".

E se essa pedagogia fosse científica? (Nem ao menos pensamos que o tenha sido ontem e o seja hoje.) O valor das explicações acerca da educação estaria apenas na validade de suas corroborações, na veracidade ou falsidade de suas proposições? Valeria mais, queremos aqui crer, entender das necessidades e dos interesses socioculturais (e políticos) nos discursos educacionais, preferencialmente dos *inconfessáveis*, ou dos (ao menos) *inconscientes* numa covarde "inocência".

O "conhecimento pedagógico" atual não precisaria ser considerado, como pensam os humanistas progressistas, como uma *etapa dinâmica* do processo histórico-cultural, numa evolução contínua, vetorial/ondulada e progressiva – com origem, momentos e metas, e com um objetivo transcendente ou mesmo ideal, ou até absoluto (um "*Fim*" *de*onto*gnoseológico*) – e com seus precursores, "pais", "mães", "avós", consortes e congêneres.

Por outra, a pedagogia poderia muito bem ser meramente entendida como um conjunto relacional formado apenas de elementos proposicionais acerca do ensino e da aprendizagem em sociedade – da educação em geral: principalmente de elementos científicos contraponteantes (por exemplo, da Psicanálise; da Psicologia Social, da *educação* e da *aprendizagem*; da Sociologia da Educação); e, complementarmente, mas também de elementos filosóficos problematizadores (como da Epistemologia *das ciências sociais*, da *Filosofia* Social e *Política*, da *Teoria do Conhecimento* e, enfim, da *Filosofia da Educação*), e que servissem estes ao "conhecimento pedagógico" em aportes ou como plataformas, e não como fundamentos – seria como se puséssemos a *Ciência* a serviço *do ensino e da educação*, sem submetê-los a uma viciosa certificação cientificista. Somar-se-ia, enfim, aos processos de pesquisa científica, um outro recurso de verificação e corroboração de seus enunciados teóricos na elaboração de conceitos acerca de e para a educação: a própria *prática educacional.*

As metodologias resultantes das pesquisas técnicas em pedagogia, como as de organização do ensino e de avaliação da aprendizagem, nesse nosso caso em proposição, seriam, então, reconsideradas como produto tecnológico das pesquisas pedagógicas e desconsideradas como finalidade última desse conhecimento educacional – esta outra pedagogia *a nossa.* Se algo seria daí ultimado à finalização, seriam os maçantes *pedagogos*/bedéis, os "técnicos", "assistentes" e "coordenadores" de todo tipo.

* * *

Nosso texto se pretende um escrito de análise e crítica filosóficas, e não uma *investigação científica*; será talvez uma "pesquisa bibliográfica", se tanto. Sabemos, desde já, o que queremos e vamos afirmar: não precisamos, pois, violar nossas sobras de inteligência nem a de outros, arranjando dados de acordo com nossas crenças e vícios, e chamando isso de... "trabalho científico". É, até mesmo, um esforço literário de ficção filosófica, para uma reassimilação *fisiológica-intelectual* do enjoativo humanismo, aos pedaços, para que não nos seja tão indigesto e para que, afinal, nos seja minimamente nutritivo. Não temos como dar a todos um bocado que provar daquilo que defendemos. Não podemos *comprovar* nossas proposições e teses; podemos apenas *defendê-las* retoricamente e propugnar práticas que se estendam delas – estas, sim, *comprováveis* mas apenas em sua aplicabilidade e funcionalidade, e nunca em algum valor intrínseco. Somente essas práticas nos dariam algumas respostas mais seguras... mas nunca exigiremos a quem seja uma aceitação qualquer, necessária ou de antemão.

Pretendemos até ensaiar uma análise crítica de discurso[5] acerca do pensamento humanista em educação, quando abordamos um retrato exemplar contemporâneo e conterrâneo até, desse pensamento – o de Paulo Freire. Com isso, buscamos apontar algumas bases e direcionamentos culturais e teóricos dos que determinam / terminaram o seu discurso, para criticá-lo (e recusá-lo) em sua utilidade para uma educação *efetivamente revolucionária*: é esse o tipo de política para o ensino que corresponde aos nossos interesses – isso o confessamos, aberta e publicamente.

Para fazermos uma análise *filosófica* desse discurso, muito nos vale o apoio em alguns filósofos que desenvolveram mais essa prática: *Nietzsche*, *Foucault* e *Deleuze*. Da análise e crítica nietzscheana da cultura moderna e até duas suas atualizações ditas "pós-modernas"[6] – a crítica deleuzeana de uma "dialética" (idealista/metafísica), passando pela análise foucaultiana das *formações discursivas humanistas*: esse é o caminho pelo qual estamos a passar, mas sempre para tentar ir mais adiante.

Queremos aproveitar, adaptando ao nosso modo e aos nossos interesses, algumas proposições críticas de Nietzsche e de "pós-modernos" *nietzscheanos* (as que nos interessarem, desde que se coadunem minimamente entre si) acerca dessa área/objeto, que é a

---

[5] Por "análise de discurso" entendemos aqui um recurso crítico-filosófico como o que foi empreendido por M. Foucault, sob influxo do pensamento nietzscheano, na sua "arqueologia" e, depois, sua "genealogia" dos saberes/poderes, e que consistiria em localizar no texto de um discurso, pelas suas conseqüências, aqueles valores implícitos e não-expressos que o constituem e obrigam, e que são supostos como verdades, previamente e em definitivo, como as crenças e pré-noções que se ligam ao discurso, as perspectivas ("pessoais" ou comunitárias) que se prendem no discurso, para entendermos como funcionam as regras que delimitam as possibilidades da linguagem discursiva, em se "procurando estabelecer relações não-tematizadas e examinar com rigor como as categorizações se dão no discurso, como o próprio discurso se constitui". JAPIASSÚ, H.; MARCONDES, D. *Dicionário Básico de Filosofia*, p. 111.

[6] "Pós-moderno" é um nome que serve, geralmente, "em um sentido histórico e filosófico, para se referir a um período ou a um ethos – a 'pós-modernidade'. [...]

educação atual. Consideramos, ainda, como o mais adequado elemento para sofrer esse exercício crítico, a parte última da produção teórica de Paulo Freire (aquela da defesa do que poderíamos nomear como uma *ética práxica*), por bem reconhecidos e aceitos que são os conceitos nela adotados. E é apenas isso que aqui nós temos.

* * *

Já podemos, todavia, até mesmo ouvir as lamentações que surgiriam ao nosso redor, se alguém ao menos se desse ao desumano trabalho de pensar este, que é o nosso trabalho. Dirão algo assim: "é de um neoliberal talvez, talvez um conservador ou, antes, um reacionário; ou, antes ainda, um obscurantista: quem mais daria atenção a um Friedrich Wilhelm Nietzsche – 'Pai-do-Nazifascismo' ou 'Avô-da-Globalização' – senão um inimigo do Homem e do seu Progresso?"... Sim, parte dessa proposição *está verdadeira*; certamente não aquela que estigmatiza um pensador o qual, nunca anti-semita, jamais um chauvinista, nem mesmo apologista do germanismo, foi vulgarmente associado ao totalitarismo "de direita" pelos totalitários de "*esquerda*", que não o sabem nem agüentam ler.

Pode-se argumentar que ele representa uma transformação da modernidade ou uma mudança radical no sistema de valores e práticas subjacentes à modernidade." E ainda: "Uma das mais influentes e discutidas definições de pós-modernismo deve-se ao pensador pós-estruturalista Jean-François Lyotard que, [...], analisou a situação do conhecimento nas sociedades mais avançadas, relacionando-a a uma ruptura não apenas com a assim chamada 'era moderna', mas também com várias formas tradicionalmente 'modernas' de ver o mundo." [...] "Lyotard estava preocupado com os grandes relatos (ou as grandes narrativas), desenvolvidos a partir da Ilustração, marcando, assim, a modernidade." [...] "As grandes narrativas são, [...], histórias que as culturas contam sobre suas próprias práticas e crenças, com a finalidade de legitimá-las. Elas funcionam como uma história unificada e singular, cujo propósito é legitimar ou fundar uma série de práticas, uma auto-imagem cultural, um discurso ou uma instituição." Como do *Homem e do humanismo.* PETERS, M. *Pós-estruturalismo e Filosofia da Diferença*, p. 13-14, 17-18.

***

Paciência (é esta uma virtude que na Academia, à força de necessidade e bons exemplos, temos aprendido a desenvolver, um pouquinho).

***

É favor serem pacientes com este texto. Demoramos até chegar a falar da educação ou da pedagogia: é porque antes examinamos seu meio, da cultura e do conhecimento. Nos detemos com Nietzsche, pois são *nietzscheanos* "pós-modernos" que esperamos nos outros pensadores/autores com quem conversamos.

E se falamos ("mal") do derradeiro Paulo Freire, um pouco e apenas deste, é que neste ocorre como que um crisol de peças pedagógico-moralista-humanistas as mais comuns: do bom e velho cristianismo social ao neo*marxismo*... ou hegelo-"marxismo" isso, sim. Justamente aquelas peças mais solúveis no calor cordial e abstrato da *bondade universal* – uma solução que é pura pretensão de superação das relações concretas entre os homens, numa idealização ético-humanista:

> Três filosofias marcaram sucessivamente a obra de Paulo Freire: o *existencialismo*, a *fenomenologia* e o *marxismo*, [...]. *Com a* (obra) *de Hegel* e a de Marx, Paulo Freire faz a crítica da religião e da teologia (*!?!*), a crítica da filosofia e da alienação política, social e econômica.
>
> *A dialética hegeliana* entre o Senhor e o Escravo *está* presente *em toda a sua obra.* Há [...] a mesma temática que se renova em cada obra posterior à *Pedagogia do oprimido.*[7]

[No mais, ressalvemos: intentamos reclamar, sim, mas *en passant* (e num moderadíssimo reclame, bem entendido), por

[7] GADOTTI, M. *A prática à altura do sonho*, p. 107; *alguns grifos (e uma provocação – "!?!") nossos*; não cremos mesmo que reclamar do elitismo da Igreja ou apoiar a "Teologia da Libertação" mereçam o nome forte de "Crítica".

aquele *rigor* (meio *mortis*, mas ainda útil e prático) *epistemológico* devido ainda pela pedagogia a uma *cientificidade* empiro-tecno-funcional, quase positivista mesmo, se quiserem; mas reclamar também, e principalmente, por um minimal e manifesto entendimento, pelos pedagogos, das motivações culturais basilares e fundamentantes de/em seus discursos, e nestes até mesmo pela assunção de seus surdos pressupostos, assim mesmo, como pressupostos meros: ao termo, esta seria talvez a nossa mais submersa ambição.]

* * *

Terá sido, aqui, nosso principal interesse: a formação filosófica de professores e pedagogos para os estudos e ensino das ciências sociais e "Filosofia" – em função da nossa definitiva resolução em continuar a estender (até o arrebentamento que se já não ocorreu, bem antes mesmo daqui, não terá sido por falta de um duvidoso "apoio") uma carreira acadêmica na docência superior e, principalmente, numa *pesquisa/polêmica* permanente.

Insistamos nisso: esse interesse pelo *Ensino de Filosofia* e pela *Filosofia da Educação*, com nossa capacitação conseqüente em seu exercício, foi biográfico (além de intelectual); vale dizer, temos nos esforçado há muito por superar nossas dificuldades e debilidades para, enfim, poder participar de um ambiente profícuo à divulgação filosófica e, quiçá, à sua eventual promoção criativa... por quem o possa, por merecimento, mais do que nós mesmos – e até quando não formos mais toleráveis por este ambiente.

Julgamos ter encontrado a promessa de um ambiente assim – filosófico, justamente nos estudos em *Ensino de Filosofia* e *Filosofia da Educação*, que tiveram em fins do século XX e no começo do XXI um crescente espaço nas academias brasileiras, e particularmente no Distrito Federal, num esforço invulgar da parte de alguns professores ou estudantes das áreas de *Filosofia*, *Educação* e mesmo de *Pedagogia*.

Podemos disso até citar, exemplarmente, o trabalho de docência, pesquisa e publicações, além da promoção de eventos que auxiliassem o debate e a organização de educadores, em especial de estudantes e professores de "Filosofia", que já teve lugar na Faculdade de Educação da Universidade de Brasília – freqüentemente com a contribuição ou apoio de alguns bons mestres de seu Departamento de Filosofia e deste por vezes até sob os seus bons auspícios – e que chegou mesmo a estender sua influência pela região Centro-Oeste do país, e algo além.[8]

* * *

Cabe ainda, todavia, lembrar que tal interesse nosso não deveria ser tomado como oportunista, mesmo diante desse fato determinante que foi o destaque que aqueles estudos filosófico-educacionais tiveram na Academia. Fato é que fomos, como outros tantos, envolvidos pela *Filosofia da Educação*, num crescendo e num fechamento.

Desde nossas graduações no *Bacharelado* e na *Licenciatura em Filosofia*, temos nos dirigido por um "caminho de textos" que passou pelo estudo da ação e do discurso políticos (numa perspectiva "político-*revolucionária*" marxiana *ainda* academicista), e (conforme uma crítica *filonietzscheana* da cultura e da política) pelo entendimento da cultura em que se dá a ação.

Dessa altura então, e na pós-graduação, após repensarmos e elaborarmos especificamente uma *crítica da cultura* e uma autocrítica de nossa própria ação "político-*revolucionária*" (sempre "radical" mas, e mesmo assim, utopicamente limitada) de bem antes, nos encaminhamos pela busca do entendimento e crítica

[8] Citemos o *Encontro Internacional – Filosofia e Educação*, o *Fórum Centro-Oeste de Ensino e Pesquisa em Filosofia* e o *Curso de Especialização sobre o Ensino de Filosofia* –dos quais também participamos –, em 2001 e 2002. O "Encontro" objetivava "discutir os impasses e desafios da filosofia no sistema de ensino contemporâneo"; e "consolidar, no Centro-Oeste, um pólo significativo de pesquisa sobre o ensino de filosofia". *Programa do Encontro*, p. 2.

dessa manifestação básica e sistematizadora da cultura moderna, que é a educação, particularmente através do *Ensino de Filosofia.*

E de passagem, como se já tanto pudéssemos, ainda nos detivemos em depositar o pagamento de um pedágio no nosso marco nietzscheano, antes ainda de deixá-lo para trás. Como, então, poderíamos ser respeitosos para com Nietzsche, se não mais desejássemos e mais tentássemos superá-lo?

* * *

Resta, afinal, dizer também que percebemos *o entendimento* filosófico *da educação* – em não sendo considerado mais uma panacéia – como a promessa de se permitir um promissor espaço de pensamento vaidosamente rigoroso, e criticamente destrutivo/criativo; um pensar tanto gnoseológico quanto formal, estético ou político. Como uma atualidade em *Filosofia*, um espaço contemporâneo de se fazer "Filosofia", com uma ambição à *prática.*

E algo mais: pois se não consideramos a *Filosofia da Educação* uma disciplina e área de pesquisa imprescindível à formação dos "filósofos", consideramo-la à formação de "professores de Filosofia".../"filósofos". E não poderíamos mesmo aceitar qualquer outro modo de agir desse tipo de "Professor": aquele que recusa dar a se decorar algum elencamento dos elementos-verdade dos conjuntos doutrinais da *História da Filosofia* (e dos quais a sua *Filosofia* quase sempre se apresenta como o Conjunto Universo!); aquele que divulga, critica, promove e cria "Filosofia", mais do que representa o seu feio *ensino melodramático.*

Tratamos pois, aqui, da "Filosofia" como um exercício teórico analítico/crítico-criativo atualizado e atualizante, pelo qual pesquisamos e inventamos os discursos filosóficos; e não como a interpretação "verdadeira" da *realidade ideal*, que fosse para ser estudada e aprendida, para o nosso próprio bem e o do próximo, e pelo próximo mesmo que – coitado – tanto precisasse de "filósofos" para lhe dizer o que dizer, pensar e fazer.

E temos já aqui quase tudo apresentado; calemo-nos, pois, um pouco, em lembrança, favor e respeito àquele outro amigável Mestre nosso, de sempre:

> Meus amigos e eu não nos surpreendemos de maneira alguma com as objeções que nos fazem as pessoas de boa-fé, pois tais objeções nos provam que temos razão em afirmar que nosso sistema comporta uma *nova avaliação de todos os valores.*[9]
>
> [*G. Sorel* (companheiro espiritual, inspirador destes escritos)]

---

[9] SOREL, G. *Cartas de George Sorel a Daniel Halévy, 1908*. In: *Reflexões sobre a violência*, p. 345.

CAPÍTULO SEGUNDO

Duas palavras introdutórias

> *Criado pela natureza com gostos mui vivos, com paixões mui fortes; colocado neste mundo unicamente para entregar-me a elas e para satisfazê-las, e esses efeitos de minha criação nada mais sendo que necessidades relativas aos primeiros impulsos da natureza ou, se preferires, derivações essenciais aos seus projetos a meu respeito, todos em razão de suas leis, só me arrependo de não ter reconhecido o bastante sua onipotência, e meus únicos remorsos referem-se apenas ao medíocre uso que fiz das faculdades [...] que ela me tinha dado para servi-la; eu algumas vezes resisti-lhe, arrependo-me disso... Eis os justos motivos de meus pesares; estima-me bastante para não me atribuíres outros.*
>
> SADE. *Diálogo entre um Padre e um Moribundo.*[1]

---

[1] SADE, Marquis de. In: *Discursos impíos.* p. 39.
Notaremos a similitude do grito sadeano para com o canto de F. Nietzsche, nestas breves passagens ao início do "Prólogo" de seu Ecce Homo, p. 17-18: – "Ouçam-me! Pois eu sou tal e tal. Sobretudo não me confundam! Não sou, [...], nenhum bicho-papão, nenhum monstro moral [...] Sou um discípulo do filósofo Dionísio, preferiria antes ser um sátiro a ser um santo. A última coisa que eu prometeria seria 'melhorar' a humanidade. Eu não construo novos ídolos; os velhos que aprendam o que significa ter pés de barro."
Que desejo mais elevado teria um homem de espírito crítico, além de não ser "interpretado" pelas crenças e valores aqueles que ele está a criticar? Depravar um discurso, submetê-lo aos seus caprichos, isso F. Nietzsche impôs ou padeceria prazerosamente: é sublime, uma relação intelectual sensual e sádica. Mas, mal-entender? Seria vergonhoso.

São antes expressões que palavras apenas, as duas: *educação humanista*, de um lado, e, de outro, *crítica*... mas *crítica radical*.

Criticar o ufanismo humanista, a confiança presunçosa das filantropias intelectuais, que se arrastaram até o começo deste século XXI, seria como uma missão inglória, nobilíssima porém, que uma "boa" *Filosofia* poderia cumprir. Criticar, por outra, o pedantismo maçante e mal-humorado da *dialética idealista*, o qual turva e estorva a educação e as ciências sociais, grudado que está nos discursos acadêmicos, eis uma outra tarefa filosófica de muito valor.

Aos "filósofos", todavia, tem feito falta o espírito antigo de desbravador e conquistador, e tem abundado a novíssima alma de um comerciante. Negócio quase lucrativo, o da "Filosofia", último refúgio, talvez, aos incompetentes em contabilidade ou *marketing*.

A Filosofia Moderna, como aliás todos os principais discursos hegemônicos na atualidade, rejeitou *Deus* para amancebar-se com o *Homem* (pelo seu belo dote de *Progresso*): e pretende que essa nova relação renda as crias melhores e definitivos do conhecimento. Considerar-se-ia, então, um tanto quanto indelicada a intromissão de uma crítica radical (e rigorosa) nessa paisagem tão bem pintada. Uma descortesia. E os ordeiros "filósofos" de plantão têm tomado os cuidados ao seu alcance em não perturbar tal harmonia, escrevinhando como nos modelos da *História da Filosofia* e reproduzindo-se em seus alunos dessa maneira assexuada.

* * *

Uns outros *filósofos* "desordeiros", como Foucault, todavia, protestaríamos contra esse pacto de bom convívio dos "filósofos" com o *Homem*:

> A herança mais pesada que recebemos do século XIX – e de que já é tempo de nos desembaraçarmos – é o humanismo...

> O humanismo foi uma maneira de resolver em termos de moral, de valores, de reconciliação, problemas que não se podiam resolver de modo algum. Conhece a frase de Marx? A humanidade só formula problemas que pode resolver. Eu creio que se pode dizer: o humanismo finge resolver problemas que não pode formular!
>
> Os problemas das relações do homem e do mundo, o problema da realidade, o problema da criação artística, da felicidade, e todas as obsessões que não merecem absolutamente ser problemas teóricos... [...] A nossa tarefa atualmente é libertarmo-nos definitivamente do humanismo, e nesse sentido o nosso trabalho é um trabalho político.
>
> Salvar o homem, redescobrir o homem no homem, etc., é o fim de todas essas tentativas a um tempo teóricas e práticas, para reconciliar, por exemplo, Marx e Teilhard de Chardin (tentativas saturadas de humanismo que têm esterilizado desde há anos todo o trabalho intelectual). A nossa tarefa é a de nos libertarmos definitivamente do humanismo, e é nesse sentido que o nosso trabalho é um trabalho político, na medida em que todos os regimes do Leste e do Oeste fazem passar a sua mercadoria sob a bandeira do humanismo. [2]

* * *

A política correta nas academias, contudo, é a de manter "as aparências" de decência e de seriedade grave. Sabidos e muito equilibrados, os intelectuais tateiam prudentemente os cortinados dos gabinetes e salas de aula, e de lá espreitam discretamente seus vizinhos.

O resultado dessa política de boa vizinhança com o *Homem*, dessa diplomática troca de visitas e favores, rendeu à atual "Filosofia" perceber uma pensão para sua subsistência, sendo

---

[2] FOUCAULT, M. *Entrevista à quinzaine littéraire*'. p. 33-34.

ainda presenteada com um posto consultivo vitalício (que até poderia se extinguir, pelo seu passamento, naturalmente) em caducas academias. Nisso, um *filho natural*, este a Filosofia Moderna o pariu: regime paradigmático, berrante e totalitário: o *moderno humanismo* no pensamento, nas letras e na educação.

Esse monismo intelectual, por mais que se fragmente em técnicas e especializações, exige e força um reto pensar e um reto falar – ou paralelos, ziguezagues e confusões várias, mas sempre em torno de uma média. Hoje o "bem pensar" é reconhecido, freqüente e paradoxalmente, em pensares medíocres: de um "esoterismo" místico-religioso até um semicientificismo "holístico" ou da literatura de auto-ajuda até os modismos técnico-políticos, gerenciais e mercadológicos.

Pensar, já agora no século XXI, costuma limitar-se na sinonímia de aceitar e reforçar as normas, e ao antônimo de descobrir e inventar. Obedecer, e nisso ser reconhecido, é sempre mais econômico e confortável do que discordar e transgredir: rende funções, títulos e cargos nas mais respeitáveis instituições.

***

Friedrich Nietzsche foi um dentre alguns valorosos (e cada vez mais raros) "filósofos" cronologicamente modernos, mas nem por isso envolvidos nessa burguesa mediocridade da cultura nossa. Ele – que chegou a dizer de si que não era *humano*, mas "dinamite"[3] – marcou nossa época com seu pensamento agressivo e sedutor; haveria, talvez, de se *retomar* uma atitude crítica radical como a sua, para se agitar a hodierna "Filosofia" desse novo marasmo histórico; e houve (até) no final do século XX um ou outro pensador que a isso se propôs – queridos interlocutores aqui, além de Nietzsche.

---

[3] NIETZSCHE, F. *Ecce Homo*. p. 109. (O "dinamite" nosso, aqui: também, mas menos, o primeiro Nietzsche esteta e helenista; mais do francófilo pós-iluminista, e do último Nietzsche, o *nosso louco* da antimetafísica radical.)

Mas temos mesmo de tornar ou buscar por Nietzsche? Cremos até que não, *em verdade*, ao menos não necessariamente; mas podemos fazê-lo, e isso poderá valer a pena, e é essa a potência que pretendemos explorar. Nessa pretensão, tentamos retomar o "dardo" lançado por Nietzsche, e lançado outra vez por pensadores "pós-modernos", e tentamos jogá-lo contra a "mosca" por nós escolhida; se nisso trocamos os pés pelas mãos, se tropeçamos e feiamente nos esborrachamos... (escusem-nos os provavelmente impacientes leitores nossos, alguns).

Sabemos como e quanto outros pensadores foram já procurados na "Filosofia" para compreender-se e respaldar a educação – e a Pedagogia, assim como a outras "ciências humanas"; para citar um exemplo apenas, outro germânico, Karl Marx (o da "juventude", muito em particular), já o foi o bastante, e é muito e bem conhecida a importante influência da "doutrina marxiana" em Pedagogia.

Citemos, de passagem, a influência de uma hipertrofiada idéia que lhe foi imputada: a idéia meta-hegeliana de "práxis", tão dispersamente espraiada pela *intelligentsia* de Pedagogia – e que nos manda por direcionamentos discursivos que já ofereceram pródigas e alargadas contribuições à comumente vigente compreensão do estatuto *científico* da Pedagogia: como o pensamento pedagógico "libertador" a partir de Paulo Freire e com Moacir Gadotti ou o "crítico-social", com Demerval Saviani, Carlos Cury e José Libâneo.[4]

Isso tudo não ignoramos nem desconsideramos. A contribuição à Pedagogia feita pela "crítica" histórico-social desses "mestres" marxianos é uma possibilidade muito conhecida, talvez, e bastante falada até, e por demais difundida. Mas uma *crítica cultural* (e assim também histórica, mas sem cair num fácil historicismo) e psicológica (mas nunca cientificista ou nem mesmo

[4] Ver (e já basta): SEVERINO, A. *A Filosofia da Educação no Brasil: esboço de uma trajetória*. p. 303-304, 316-318.

psicologizante) de Nietzsche, e sua possível contribuição à Pedagogia, essa já não seria tão bem conhecida. Poderia sê-lo, e valerá, sim, a pena que o seja – queremos crer.

[Agora, valeria também citar um terceiro germânico, Sigmund Freud; como o *nosso* Nietzsche, nem tanto quanto, foi sempre menos lembrado em Pedagogia[5], e seria como Nietzsche e Karl Marx um crítico definitivo do conhecimento humano na Modernidade; sua crítica é, porém, intencionalmente terapêutica, e não aberta e diretamente, digamos, destrutiva, como em Nietzsche (e daí a preponderância deste último nessa nossa proposta de revisão intelectual, que pretende a negação da cultura (hegemônica) moderna, e não sua atualização melhorada, e ainda menos sua aceitação por adequação).

[O freudismo, aliás, ajudou a estagnar o pensamento de Freud em sua potencialidade crítica (como mesmo a ortodoxia marxiana o faria com o de Karl Marx: "Os discípulos têm exercido [...] uma influência nefasta sobre o pensamento daquele a quem chamavam mestre e que se acreditava muitas vezes obrigado a segui-los. [...] Para Marx, foi um verdadeiro desastre ter sido transformado em chefe de seita por jovens entusiastas; ele teria produzido coisas bem mais úteis se não tivesse sido escravo dos marxistas."[6]).

[De uma "escravidão" dessas resulta que uma interessante proposta-oferecimento de um exercício biográfico/histórico-

---

[5] O mais comum, numa interface entre a Psicologia e a Pedagogia: nos defrontarmos com o chamado "interacionismo" de Piaget ou Vigotsky (conferir em DAVIS, C.; OLIVEIRA, Z. *Psicologia na Educação*), ou então lembrarem-nos ainda da velha Gestalt (por exemplo: CAMPOS, D. *Psicologia da Aprendizagem*); da Psicanálise mesma pouco se encontra, em manuais destes apontados, senão como neste triste exemplo de interpretação "freudiana"/existencial-democrática: "Freud [...] afirma que *a satisfação* das disposições instintivas *do homem é a finalidade* econômica *de nossa vida.* [...] Para satisfazê-las, *o homem constrói um mundo de* organizações e *instituições.* [...] *Diante delas, o homem* comporta-se de modo submisso ou *tenta manter o controle da situação.*" (MOREIRA, P. *Psicologia da Educação.* p. 92, *grifos nossos*).

[6] SOREL, G. Carta a Daniel Halévy. In: *Reflexões sobre a violência.* p. 27.

biográfico, particularmente opcional, de socialização moderada, mesmo com os pesados lastros do entendimento positivo da cultura em geral e acadêmica em especial, e no manejo dos recursos à sobrevida *normalizada* ou tolerável em sociedade, essa proposta tornou-se Escola, livros semi ou paradidáticos e *tratamento* curativo.

[Com a conivência de um Freud idoso, e depois morto, o *freudismo* como que adequou *o seu* Freud às exigências da medicina tecnológica do consumo burguês, para resolver seus *indivíduos* como problemas, sem mais pintar do "espírito humano" além do necessário à consecução desse seu trabalho bastante produtivo – e moralmente aceitável... e muito bem pago!]

* * *

Temos, então, aqui uma tríade de concepções distintas que podemos chamar de críticas; um crivo crítico é característica que a perspectiva de Karl Marx, num exemplo, compartilha com a do pensamento kierkegaardiano, devido à polêmica que ambos (em ressalvadas as condições e conseqüências tão díspares entre eles) travaram com a *escola hegeliana*, dominante em sua época, inícios do século XIX, nas academias e nas letras européias: o "Jovem Marx" revirando o hegelianismo num "humanismo dialético", ou o *Sobrevivente* Kierkegaard reclamando por uma "dialética dos contrários" através de seu *Aut-Aut* – e nele inspirados, os existencialismos tardios. (Outro exemplo, clássico e tradicional, de uma percepção "crítica", nós o temos no pensamento kantiano; este carrega mesmo a alcunha de "criticismo".)

Consideramos, ainda, até então, uma noção dicionarista moderna/tradicional, em geral bem aceita, de "crítica" – de um "juízo apreciativo, [...] do ponto de vista intelectual (filosófico...); (*isso através da*) atitude de espírito que não admite nenhuma afirmação sem reconhecer sua legitimidade [...]; (*em se recorrendo* à) *análise*"[7].

[7] JAPIASSÚ, H.; MARCONDES, D. *Dicionário Básico de Filosofia*. p. 59.

Insistimos em alongar nossa defesa da opção por uma crítica filosófica ("agressivamente radical", "violenta", "destrutiva", "desordeira", etc.); para aquém da adjetivação briguenta, precisamos fundamentar e bem definir a noção de crítica com a qual trabalhamos e ressaltar sua importância na *História da Filosofia*, ainda mais naquela que se está fazendo ou por fazer.

Por duas razões principais, estamos nos propondo a (re)conceituar a crítica: (1) distinguir, diferenciar e afirmar nossa noção de crítica, contrária a uma noção *positiva*, *dialógica*, *construtiva* de *crítica*, presente à exaustão em obras como a freireana; e (2) justificar a retomada do termo/noção "crítica", casado ao escritor/elan "Nietzsche", como um movimento econômico e profícuo para o jogo do pensamento educacional na atualidade. A "crítica freireana": uma "crítica-crítica", acrítica então e niilista; a "crítica nietzscheana"/"pós-moderna": uma "crítica" vitalista, imoralista, concretizante. (Problema semelhante, enfrentamos ao defender um outro termo/noção dessa potência – como o de "Revolução")

Ao considerarmos assim aquelas perspectivas, que aqui chamamos "críticas", mesmo sendo tão diferentes entre si, guardariam em comum uma mesma "atitude" do pensamento, qual seja: a de terem formado suas bases sobre entre os "escombros" dos sistemas teóricos que se propunham ter demolido, sobrepujado e superado. Demolição que, de fato, por vezes ocorre, mesmo que reduzida, freqüentemente, ao campo do pensamento e no nível do discurso – aos aspectos teóricos da cultura, o que já não seria pouco...

> Segundo Freud, há três grandes feridas narcisistas na cultura ocidental: a ferida imposta por Copérnico; a feita por Darwin, quando descobriu que o homem descendia do macaco; e a ferida ocasionada por Freud quando ele mesmo, por sua vez, descobriu que a consciência nasce da inconsciência. Interrogo-me se não poderia afirmar que Freud, Nietzsche e Marx, [...] não tenham constituído para nós e para os

que nos rodeiam, espelhos que nos reflitam imagens cujas feridas inextinguíveis formam o nosso narcisismo de hoje. Em todo caso, [...] gostaria de fazer algumas sugestões: parece-me que Marx, Nietzsche e Freud não multiplicaram de forma alguma os símbolos no mundo ocidental. Não deram um sentido novo a coisas que não o tinham. Modificaram, na realidade, a natureza do símbolo e mudaram a forma geralmente usada de interpretar o símbolo.[8]

* * *

Mas retornemos àquele exemplo, o dos existencialismos: eles buscam salvaguardar, contra uma cultura racional, mas ainda objetiva (e, mesmo sempre, universalizante), uma noção do *Homem* em existência no mundo; sua... inspiração encontra-se primeiramente na obra de Sören Kierkegaard, e como nesta, fundam-se os existencialismos na oposição – pelo reconhecimento de um *sujeito existente* (objeto, por excelência, de sua reflexão) – ao idealismo de G. W. F. Hegel, à sua absolutização do mundo de natureza, da vida espiritual e do *Homem*, que é tido, preponderantemente, como sujeito *em determinação* histórica; (nesse sentido, o existencialismo é de fato uma forma de humanismo).

É uma teoria de reação, a proposição de uma resposta para um problema implicado da *escola hegeliana*, através da "*crítica existencial*": reação "crítica" como complemento ou desenvolvimento do(s) novo(s), a partir do velho *Hegel* – de um *Kierkegaard* a Karl Jaspers e J-P. Sartre, ou de um Emmanuel Mounier a nossa variante nacional eclética, *Paulo Freire*: aquele sujeito *Homem* é sim histórico, mas o é também... pois é desde antes sujeito moral, de/em liberdade, *fazedor da história*, que é sua. É tudo muito bem "dialético", convenhamos.

[8] FOUCAULT, M. *Nietzsche, Freud e Marx*. p. 51-52.

É a laicização e secularização do livre-arbítrio (com sua indefectível culpa), num sujeito *de escolha* histórica, o sujeito do *Progresso*, definido este através de uma *ética práxica*:

> Nos achamos, ao nível (sic) do mundo e não apenas do Brasil, de tal maneira submetidos ao comando da malvadez da ética do mercado, que me parece ser pouco tudo o que façamos na defesa e na prática da ética universal do ser humano. Não podemos nos assumir como sujeitos da procura, da decisão, da ruptura, da opção, como *sujeitos históricos*, *transformadores*, a não ser assumindo-nos como *sujeitos éticos*.
>
> [E mais adiante ainda:]
>
> Na verdade, seria incompreensível se a *consciência de minha presença no mundo* não significasse já a impossibilidade de minha ausência na *construção da própria presença*. Como *presença consciente no mundo* não posso escapar à responsabilidade ética no meu mover-me no mundo. Se sou puro produto da determinação genética ou cultural ou de classe, sou irresponsável pelo que faço no mover-me no mundo, e se careço de responsabilidade não posso falar em ética. [...]. (*Isto significa:*) Reconhecer que a História é tempo de possibilidade e não de determinismo, que o futuro, [...], é problemático e não inexorável.[9]

***

Não se trata aqui, entretanto, de procurar possíveis semelhanças entre os pensamentos "marxiano" e existencialistas; antes, porém, cabe bem destacar aquela característica (de crítica) como um componente fundamental do pensamento radical do século XIX e dos início/meados do XX: Marx, Nietzsche, Freud, M. Heidegger, L. Wittgenstein... (para mantermos a freqüência em elencar uns bons nomes germânicos), cada um deles promoveu um tipo e direção

---

[9] FREIRE, P. *Pedagogia da autonomia*. p. 19-21, *grifos nossos*.

de crítica que alcançou proporções de superação da Modernidade; da crítica à "propriedade burguesa" até a crítica à "linguagem privada", sem ordem necessária de conseqüência, o exercício *crítico-teórico* radical desses e de outros pensadores demarcou um campo intelectual que viria a ser chamado de "pós-moderno".

Temos daí uma concepção de *crítica* como uma poderosa e criativa atitude intelectual de recusa, que fundamenta um exercício de conceituação e permeia as próprias afirmações suas, em derivação, até formar uma sistematização teórica diferente – formação essa que seria uma condição correspondente à estrutura conceptual desse sistema, desse enredamento de atitude e exercício.

Esse enredamento, as pontas de suas redes para fora da cultura teórica hegemônica, isso teria sido o grande *leitmotiv* histórico-filosófico da intelectualidade radical européia/europeizada do século e meio de anti-metafísicas positivista, analítica, existencial, psicanalítica, vitalista e materialista; e o de Nietzsche, certamente:

> Nietzsche difama os modernos, é seu prazer, talvez seu dever. Todo filósofo deve ser o conselheiro de seu tempo. [...]. No século XIX, numa Europa diminuída pelos decadentes parisienses, pelos wagnerianos alemães e pela choradeira democrática, um filósofo tem suas boas razões para louvar outras virtudes. Deve afirmar: É grande aquele que sabe ser o mais solitário, o mais escondido, o mais distante; que sabe viver para além do bem e do mal, senhor de suas virtudes, poderoso em sua vontade. Grandeza é isso. [10]

***

[10] HALÉVY, D. *Nietzsche: uma biografia.* p. 278. [Este biógrafo de Nietzsche, preferido nosso, não é outro senão aquele *socialista revolucionário* correspondente de nosso querido amigo *G. Sorel*, lembrado nas suas *Reflexões sobre a violência.*]

De mais a mais, eis o que podemos entender, aqui e com Nietzsche, como em se tratando do direcionamento crítico do pensamento: são algumas determinadas construções intelectuais que se baseiam na avaliação do valor de um sistema teórico particular ou mesmo do valor e da possibilidade do conhecimento teórico em geral.

Essas sistematizações conceituais, ao negar uma *validade* qualquer aos conjuntos argumentativos de uma teoria específica, ao negar mesmo a justificação suficiente de uma ou outra teoria, tendem a se reconstruir em uma *estruturação intelectual* nova e própria, justificando-se esta não por instantâneas afirmações categóricas, mas com um novo enredo, a partir das negações hipotéticas que visariam eliminar as "falhas" e os "enganos" cometidos pelos e nos outros sistemas ou em todo o conhecimento teórico.

***

Se essa noção mais corriqueira é aceitável, ainda assim devemos ressaltar o sentido particular da crítica nietzscheana: sua maximal radicalidade quando do desmonte da teoria, recusando-a (e de fora), não em suas circunstanciais manifestações de "potência" pela aceitação pública de sua própria e interna coerência, mas em sua presunção à realidade e à necessidade – à própria "verdade" ideal. Não se trata, pois, apenas de uma crítica teórica a um sistema, que se reformulasse como uma nova teoria... de mesmo tipo.

Não é uma crítica teórica auto-referente, a nietzscheana, mas, sim, uma crítica de busca de apoios externos ao pensar (por exemplo, no reconhecimento dos impulsos dos homens em sociedade, ou das conseqüências da aceitação de um sistema de disciplina/controle para tais homens) e que, sem ocupar-se, senão de passagem, com a completude do sistema ou com seu potencial explicativo acerca do mundo, se lhe opunha em bloco, de modo a destruí-lo para saqueá-lo, mas para outros fins que o do lucro intelectual no mercado teórico especulativo.

Quais esses fins? Os da recusa da moral hegemônica, e ao mesmo tempo e sob as mesmas circunstâncias, da experimentação de outros, diferentes valores morais – sem mesmo prescindir das riquezas acumuladas pela *Razão* (quando estas se nos apresentam com alguma potência criativa): "Para que enfastiar os medíocres de sua mediocridade! Vê-se que precisamente faço o contrário: cada passo que afaste dela – é o que ensino – conduz à *imoralidade*"[11], diz Nietzsche. E daí, nietszchianamente, Deleuze:

> Acontece com freqüência a Nietzsche encontrar-se diante de algo que considera repugnante, ignóbil, de causar vômito. E isto o faz rir, ele faria mais ainda se fosse possível. Ele diz: mais um esforço, ainda não está nojento o bastante, ou, então, é formidável como isto é nojento, é uma maravilha, uma obra-prima, uma flor venenosa, enfim, 'o homem começa a tornar-se interessante'.[12]

Poderia, daí, surgir, afinal, um ou outro novo sistema propositivo, por derivação, como é o caso dos existencialismos; o pensamento nietzscheano, entretanto – sem que nisso discutamos sua coerência interna, nem mesmo sua plausibilidade – fugiria a este vulgarizado caminho, quando se propõe negar a possibilidade da teoria como idealização, sem propor-se como um novo sistema teórico de molde tradicional.

Há, sim, um outro sistema de pensamento, em Nietzsche; é, porém, um sistema descentrado/irradiante. Seu modo de pensar, tachado por vezes de complicado e confuso, obedece *na verdade* a um enredamento de regras e funções rigorosas e cruéis. Há nele toda uma pluralidade de postulados os quais, em

---

[11] NIETZSCHE, F. *Vontade de potência*. p. 301. Essa "imoralidade" refere-se ao "imoralismo", "termo atribuído a Nietzsche, [...] como crítica aos valores da moral tradicional em seu sentido dogmático e absoluto"; In: JAPIASSÚ, H.; MARCONDES, D. *Dicionário Básico de Filosofia*, p. 139. Só até aí. Valeria, pois, uma outra e diferente moral, por ser criada. Para nós, a partir de um tipo de crítica dos valores também outra, também diferente.

[12] DELEUZE, G. *Pensamento nômade*. p. 64.

vez de se limitarem, como "doutrina dogmática", a uma ordenação e complementação auto-fundacionista *de barro*, apóiam-se mutuamente como marcos topográficos que sirvam ao mapeamento de um terreno que se quer conhecer. Sua justificação não é automática; decorre, sim, da utilidade prática que a "carta espacial", em suas escrituras, nos oferece ao cruzarmos o tal terreno.

Os pontos onde se cruzam os fluxos crítico-teóricos do pensamento nietzscheano constituem os conceitos que formam sua obra: a "morte de Deus", a "moral de rebanho", o "último homem" etc. Funciona e se desenvolve, como sistema, de maneira avessa à forma "clássica" de sistema – como na imagem da Doutrina, como um astro-rei, um núcleo de partículas de onde partem, ordenadamente e em cumprimento de um sentido pré-definido e atemporal, os raios que permeiam e iluminam o mundo e o pensamento.

Ao contrário, o sistema nietzscheano não guarda órbita: é como uma nuvem de partículas-ondas, que se movimentam num entrecruzamento de freqüências que se expandem, e cuja ordem por vezes nos escapa, pela sua velocidade e violência. A crítica produzida por um tal sistema é voraz, corrosiva e destruidora... como uma explosão; e foi essa a programação a que nos propusemos em nossa visita ao terreno educacional: a de encontrar e mapear alguns bons pontos e lugares que minar, para futuras incursões de assalto e sabotagem.

***

Nietzsche agia, pensava e escrevia assim: com selvageria e violência primitivas. Numa prosa mais desenvolta, eis o que diz de si o *nosso homem* – o "dinamite", e assim também de sua própria obra:

> Eu sou, no mínimo, o homem mais terrível que até agora existiu; o que não impede que eu venha a ser o mais benéfico. Eu conheço o prazer de *destruir* em um grau conforme a minha *força* para destruir – em ambos

> obedeço à minha natureza dionisíaca, que não sabe separar o *dizer Sim* do *fazer Não*. Eu sou o primeiro *imoralista*: e com isso sou o destruidor *par excellence*.
>
> [E mais à frente um pouco:]
>
> No fundo são duas as negações que a minha palavra *imoralista* encerra. Eu nego, por um lado, um tipo de homem que até agora foi tido como o mais elevado, os *bons*, os *benévolos*, os *benéficos*; nego, por outro lado, uma espécie de moral que alcançou vigência e domínio como moral em si – a moral de *décadence* [...]: o negar e o *destruir* são condição para o afirmar.[13]

***

O "intempestivo" pensamento nietzscheano bem poderia então ser considerado como *pós-crítico*, *avant-premiére* aos seus leitores e debatedores "pós-modernos" – digamos, Foucault, Lyotard ou Deleuze, ou mesmo o *bom esquerdista* (pois acadêmico) Alain Badiou; também o poderiam ser quaisquer contribuições radicais à crítica cultural, que negassem valor e direito à moral hegemônica de sua/nossa época, seu/nosso mundo ou, já nem tanto, de um campo de conhecimento apenas, indicando conseqüências de atitudes e ação para mais além das razões acadêmicas da *Filosofia* ou das ciências, e denunciando-as, as razões, naquilo e por aquilo que elas escondem atrás de suas expressas *boas intenções*.

[Essa seria, pois, a complementação que o prefixo latino "post" emprestaria a um termo já bastante gasto pelas "teorias" viciadas em "dialética" cripto-hegeliana, que é o de "crítica", para reavivá-lo e vencê-lo, adequando-o às nossas caras exigências e necessidades. Mera precaução: há muitos outros por aí

Mais uma questão, por ora ainda: essa "pós-crítica" seria apenas uma mesma *crítica*... "renovada"?

---

[13] NIETZSCHE, F. *Ecce Homo*. p. 110-111.

Talvez, apenas, se violentamente "destrutiva", porém; profundamente radicalizada, até sua pérfida transfiguração, pervertida de julgamento paradigmático em opção criativa perspectivista, impulsionada por interesses e objetivos singulares, *individuais* ou "de grupo", algo explícitos, ou mesmo implícitos numa elegante discrição. Permissivamente aquém, porém, do conhecimento do "Bem," da "Verdade" e do "Belo"; estes, meras ficções justificatórias inúteis pois... "– quanto mais é um homem medíocre, fraco, servil e covarde, tanto mais verá o mal: para ele o reino do mal é mais extenso... (quer dizer, o que lhe é proibido e hostil)"[14].

E a qualquer pensamento *pós-crítico* embasaria, então, um grande desprezo pelas crenças dominantes, que permitisse a insurgência não do novo apenas, que provém do velho por geração e lhe carrega e repete os genes, mas do outro apartado e diferente, e de possibilidades interessadas/interessantes de relação com práticas "privadas" ou particulares ou privativas/comunais vitais... e revolucionárias, também por isso.

* * *

Assim, bem grande, foi o desprezo do pensamento nietzscheano pelos valores da Modernidade, ou o das suas (nossas, guardadas emulantes mas respeitosas, e bem percebidas proporções) leituras correlatas: "Ele (*Nietzsche*) dá um gosto perverso (que nem Marx nem Freud jamais deram a ninguém): o gosto para cada um de dizer coisas simples em nome próprio, de falar por afetos, intensidades, experiências, experimentações."[15] Nisto, ao menos, tentamos aqui realizá-lo: ele que criticava os filósofos, por sua petulância niilista disfarçada no plural de modéstia, ou por sua pirotecnia poluente que camufla e confunde o mundano, ele sofreu e cumpriu a maldição aristotélica: ao criticar a "Filosofia", ele pôde, teve de recriá-la. Essa *Filosofia Nietzscheana*, porém, gostaríamos de lembrar, ainda mereceria uma atenção maior quanto

---

[14] NIETZSCHE, F. *Vontade de potência*. p. 321.

[15] DELEUZE, G. *Carta a um crítico severo*. p. 15.

aos seus aportes gnoseológicos, e epistemológicos em especial. Nisso reside, em parte, a atualidade de Nietzsche.

Atualmente, a "Filosofia" oferece às ciências a sua formulação lógica e pretende validá-las com a epistemologia. Das ciências, a "Filosofia" espera o reconhecimento desses esforços, o qual estaria implícito nas listas de fatos relatados, medidos e ordenados pelo(s) método(s) científico(s). As fórmulas e seus cálculos não apenas interpretariam e traduziriam bem o mundo (mas quase sempre do e para o *Homem*), como ainda serviriam de base à subsistência provisória da "Filosofia".

Nessa situação as "Humanidades" – ou "ciências humanas", prudentemente, se afastaram um pouco da "Filosofia", como se por obter, numa imitação, o estatuto empírico-positivo criado e preservado pelas *ciências naturais*. Sofrem, ainda, as "Humanidades", de um tipo de inveja das *ciências naturais*, algo como que pela ausência de um membro que lhes faltasse (uma fala?... ou um *falo*?): a linguagem formal da Matemática talvez, como instrumento único capaz de semear a ordem sistemática no caos das observações e experimentos científicos – linguagem que, mesmo se redutível à *Lógica*, na "Filosofia" *cientificista* se transmuta em logística e analiticismo obtusos. Tratam, pois, as "Humanidades" de requerer uma aprovação como a das *ciências naturais*, submetendo-se a uma cirúrgica intervenção plástica, pela qual lhes é moldada uma função/modelo qualquer de órgão para a mensuração e o cálculo – que é, às vezes, em nossa modesta projeção, efetivo em seus resultados (quando pode servir, em seu vigor, à cópula intelectual); outras vezes, todavia, mais uma fantasia inútil: aí então, um *falo* em continência, puro e limpo – já assexuado, dependente do instituído e viciado em reprodução.

Ao termo dessa histeria acadêmica, os "cientistas... humanistas?" podem sossegar. As "Humanidades" chegaram a ser aceitas entre as ciências positivas, figurando ao lado das ciências da natureza, as quais, não sem alguma desconfiança, avalizaram o seu ingresso na *nova modernidade*. Parabéns à Sociologia, à História e à

Pedagogia. Já podem tomar de empréstimo para si belos conjuntos de raciocínios bem formados e esperar uma validação epistemológica igualmente bela. Da "Filosofia".

E é daí que o *nosso problema bufa*, e aponta os "chifres" (se bem que sequer esperamos vir a "toureá-lo": asno castrado que é, nem mesmo um boi). Ao buscar sua validação filosófica, as "ciências humanas" não aceitam o mesmo tratamento dispensado à Ciência "em geral". A Pedagogia, particularmente, considera apenas as abordagens oriundas de filosofias humanistas. [E sendo assim, fazer uma boa *Filosofia da Educação* atualmente, queremos piamente crer, seria cuidar de criticar as bases teórico-conceituais dos discursos que servem atualmente para justificar as práticas de ensino e/ou formação de professores.]

* * *

Nosso intento agora, de início, é bastante comedido: seguir Nietzsche – a partir e através de algumas indicações de pensadores *nietzscheanos* "pós-modernos", vale dizer, de Michel Foucault o mais e algo ainda de Gilles Deleuze –, acompanhá-los em seu mapeamento crítico das crenças racionais da cultura ocidental em dois momentos principais: o de seu embasamento na conceituação "dialética/socrático-platônica", como método tradicional do raciocínio humano por excelência e, bem depois, no domínio moderno de um *cientificismo historicista* e de um *historicismo* "dialético", mitigados, nas "ciências humanas".

Da Antiguidade à atualidade "moderna": de Nietzsche (a Hélade: sua *hybris*, Dionísio, Sócrates, a decadência pelo socratismo) a Nietzsche (a Europa Moderna, a *Razão*, o *Progresso*... o *Homem*), chegando a Michel Foucault (o *Mundo Moderno*, o *Poder*, as "ciências humanas", a "morte do Homem").

Se partimos da historiografia estética nietzscheana, é para enquadrarmos o humanismo como Nietzsche enquadrou a doutrinação moralista apolínea/socrática; e assim chegamos mais finalizados às proposições político-educacionais; proposições que considerassem Foucault, pois é "... a criação de modos de existência, o que Nietzsche chamava a invenção de novas possibilidades de vida, e cuja origem ele já encontrava nos gregos"[16]; e é isso que nos interessa considerar e defender daqui. Quase como o que Foucault nos propunha para uma análise política, a partir de Nietzsche, a qual queremos extravasar, para torná-la revolucionária.

***

Mesmo em se tratando de duas visões de mundo bastante distintas, quando da metafísica objetivista clássica e cristã (na qual o mundo da natureza, objeto de (*re*)conhecimento possível, determina-o aquele a este) de um lado, e da metafísica subjetivista moderna (na qual o sujeito humano, por *experiência* & pela *razão*, *conhece* o mundano para aí agir em liberdade – é um caso geral e, outra vez, o dos existencialismos também) de outro, o que está em foco, em ambos os casos historicamente sucessivos, é o impulso dos homens em esquematizar racionalmente a multiplicidade mundana a qual, quando acima de suas forças, os assusta e esgota.

Medo, pois, é o que temos aí, travestido em "vontade de domínio", ou bem vestido de *Verdade*; antes ainda, a adulteração da *vontade de potência*, do impulso vital e erótico de criar, de fazer belo/sublime e mítico/artístico o mundo dos homens, revertido em uma malquerença abastardada, última e doentia vontadezinha: uma *vontade de saber/poder*, que pretendesse julgar e adequar o mundo "da natureza" à autoridade político-cultural de seu desânimo e à sua prevenção mesquinha. A *Verdade* é, então, na Modernidade, "necessária e naturalmente" o dito, a proposição, o concluído na fala, na boca, na língua da autoridade humana, como havia sido, no Medievo, o *Verbo*, a idéia/palavra de Deus. Dessa mesma moléstia padeceram comumente, vale lembrar, tanto a fenomenologia quanto os existencialismos, guaritas

[16] DELEUZE, G. *Um retrato de Foucault*. p. 146.

tardias nas quais o sujeito moderno, e com *Ele* a metafísica, ambos se enfiaram, tentando se proteger do mau tempo cultural da *plus*-modernidade.

Considerando essa abordagem tal, ocupamo-nos de duas manifestações histórico-filosóficas gerais e tradicionais da *razão humana*: no socratismo, e no *cientificismo historicista* iluminista/ "romântico"/positivista. Ou o que nos restou de historicismo, na idéia-força de *Progresso* presente nos dicursos "científico-humanistas", educacionais e políticos.

Desde aqueles momentos, nossa preocupação seria elencar o instrumental crítico básico de Nietzsche, no sentido de identificar a racionalização crescente – da crença no *Homem* "bem-pensante" – com a decadência das civilizações clássica e moderna, buscando na obra de Nietzsche algo como que uma *teoria da decadência*, que nos auxiliasse no entendimento do campo discursivo que nos interessa alcançar: o do pensamento educacional (e pedagógico) humanista hodierno.

Vemos, enfim, a decadência como uma mazela histórica sazonal, que em nossa época se esconde e justifica através de discursos humanistas, que são declamados das academias até os parlamentos e as escolas. E para recusar ou escapar a isso, é que tomamos para nós, e como precisamos e queremos, qualquer outra letra melhor que estas, e que melhor nos possa servir, como alguma de Foucault...

> Em certo sentido, a peça representada nesse teatro sem lugar é sempre a mesma: é aquela que repetem indefinidamente os dominadores e os dominados. Homens dominam outros homens e é assim que nasce a diferença dos valores; classes dominam classes e é assim que nasce a idéia de liberdade; homens se apoderam de coisas das quais eles têm necessidade para viver, eles lhes impõem numa duração que elas não têm, ou eles as assimilam pela força – e é o nascimento da lógica. Nem a relação de dominação é mais uma "relação", nem o lugar onde ela se exerce é um lugar. E é por isto precisamente que em

> cada momento da história a dominação se fixa em um ritual; ela impõe obrigações e direitos; ela constitui cuidadosos procedimentos. Ela estabelece marcas, grava lembrança nas coisas e até nos corpos; ela se torna responsável pelas dívidas.[17]

A cantilena ritualística moderna é humanista; seu ídolo sagrado e onipotente é o *Homem*; *Ele* só é que detém o justo *Poder*, e suas falas, sagradas, sempre expressam a *Verdade*. Seus sacerdotes, os intelectuais humanistas (cientistas, filósofos – professores), reproduzem, cultivam e cultuam suas *Escrituras*; e interpretam-nas, pintando-as em variegados enquadramentos técnicos (monografias, ensaios, dissertações) – (como este mesmo, talvez?...). E, nessa forma jeitosa, moderada e prudentemente, esses sacerdotes do *Homem* se mantêm seguros de, em e para si, e para nós outros, obrigando-nos com bons conselhos (de professores policialescos) ou à força (de policiais professorais). Tudo no mundo se faz, então, assim: reduz-se à cópia, à reprodução, ao previsível – natureza morta.

***

Noutro estágio, procuraríamos abordar um conjunto exemplar específico, que é o "humanismo-dialético" educacional – em sua variante nacional mais destacada: a *pedagogia* de Paulo Freire – fechando-lhe o cerco, passo a passo, se possível, senão num salto, através de uma crítica nietzscheo/foucaultiana.

É nessa altura que esperamos pôr em tela o valor das leituras "pós-modernas" do pensamento nietzscheano para uma crítica atual à moral humanista em pedagogia e na educação. Ou seja, veríamos se e como o estudo, a análise dos primórdios da racionalidade teorética, e depois o da sua consolidação numa época de totalizantes crenças humanistas, poderia auxiliar-nos a reabordar essa questão moderna/hodierna, que é a da justificação e do

[17] FOUCAULT, M. *Nietzsche, a genealogia e a história.* p. 24-25.

valor do conhecimento acerca dos homens (entenda-se aqui, particularmente, *ciências sociais* e História, bem como a *psicologia teórica* e, o que especialmente nos interessa, a Pedagogia – aquelas tais "Humanidades", como Nietzsche mesmo as conheceu, com seus problemas até, e como as entendemos hoje em dia); um conhecimento, aquele sobre os homens, que pressuporia, desde sempre e já, uma noção abstrata, desvitalizada e cataléptica de *Homem*, uma noção teleológica e niilista de *dever-vir-a-ser Homem*:

> O que Nietzsche denuncia é que a vontade de verdade tem uma relação intrínseca com um tipo de homem: o homem moral, o bom, o fraco. [...] A vida é o contrário da verdade e da bondade. [...] E se a vida é falsa, o ideal de verdade é uma negação da vida. [...] Afirmar que a vida é aparência, reivindicar a positividade do falso, é se insurgir contra a possibilidade de um julgamento da vida a partir de um critério de verdade. [18]

Trata-se menos, ou nada, de historiografar duvidosos princípios diretivos de uma história das "Humanidades", e nela da pedagogia (trabalho que seria tanto exaustivo quanto inócuo e enfadonho, pois proporia uma nova fábula feia sem explicar coisa alguma de útil); mas se trata antes de se olhar clinicamente um histórico de sintomas que se relacionam ao acaso e se determinam *idem/ibidem*... ("determinação ao acaso"! berra-nos indignado o embrutecido filisteu acadêmico: veremos isso oportunamente, o nexo como posterior ao fato, como derivado dele, como estabelecimento de limitações ou até como vulgar invenção de *verdades*).

Seria, sim, algo como que um diagnóstico da educação em sua doença:

> O sentido histórico está muito mais próximo da medicina do que da filosofia. [...] A história tem mais a fazer do

[18] MACHADO, R. *Nietzsche e a verdade*. p. 122.

> que ser serva da filosofia e do que narrar o nascimento necessário da verdade e do valor; ela tem que ser o conhecimento diferencial das energias e desfalecimentos, das alturas e desmoronamentos, dos venenos e contravenenos. Ela tem que ser a ciência dos remédios.[19]

[Esse mesmo esforço até poderia ser intentado num referencial freudiano, mas se ortodoxo/terapêutico fosse, descambaria para mais um tratamento salvacionista de uma educação ideal/"realista" a ser normalizada. Ou talvez apenas até uma sangriazinha de sanguessugas nesse incômodo e desenganável doente; para nós mais interessa o efetivo sacrifício desse doente, posto que haveria, quiçá, um ensino que poderia sobreviver a ele, e com boa saúde.]

* * *

Tratamos, enfim, em algumas palavras, de forçar a feitura de uma análise crítica de *formações discursivas* pedagógico-humanistas, ou antes, de um discurso típico e exemplar em educação, que é o de Paulo Freire, conforme o arcabouço teórico-conceitual que passe por uma leitura "*nietzscheo/foucaultiano*" ou pelo de um "pós-modernismo" *nietzscheano.*

Essa nossa *pesquisa*, pois, deverá ou deveria verificar a conseqüência na passagem da crítica "*nietzscheo/foucaultiana*" de *racionalidades* (clássica e moderna) em sua implicação de decadência da cultura e civilização, para *uma crítica* daquela seção acadêmica que nos dias de hoje chamamos de "ciências humanas", que regem as manifestações educacionais modernas, através da Pedagogia.

Estamos procurando, no conjunto da obra de Nietzsche e guiados o mais por Foucault, alguns dos elementos básicos que serviriam para sustentar coerentemente os apontamentos *dessa crítica*: e como temos visto, é essa uma obra que, no seu conjunto, apresenta uma explícita preocupação com o antigo e

---

[19] FOUCAULT, M. *Nietzsche, a genealogia e a história.* p. 29-30.

o moderno na *História Ocidental* – uma preocupação em encontrar e denunciar em perseguir a metafísica em nossa cultura. "O lugar de emergência da metafísica foi a demagogia ateniense, o rancor plebeu de Sócrates, sua crença na imortalidade. Mas Platão teria podido apoderar-se desta filosofia socrática, teria podido voltá-la contra ela mesma [...]. Sua derrota foi ter conseguido fundá-la."[20] A nossa preocupação, esta já estaria na denúncia do caráter metafísico-humanista e moralizante que domina a formação dos professores, e o ensino todo.

Para este trabalho, temos uma figura histórica e geograficamente mais ilustrativa do humanismo em pedagogia, que nos é contemporâneo, além de conterrâneo, que nos serve apenas como um exemplo e objeto especulativo: justamente a *pedagogia* de Paulo Freire. Em especial o segundo (e teoricamente mais importante) momento do seu pensamento. Trata-se do período que se segue logo após a publicação da *Pedagogia do oprimido* e se estende a partir do início da década de 1970 até o seu definitivo falecimento. É quando Paulo Freire, que partira do embasamento num francófilo existencialismo cristão, chega à moda política da época, a do neo*marxismo* (*gramsciano*) "de centro", que chegou retardada até as praias do Brasil. Temos daí uma *síntese eclética* entre uma tese e outra.

* * *

A *Pedagogia do oprimido* foi escrita em 1968 e publicada em 1970. Na década que se seguiu para Paulo Freire, "vem o contato mais próximo com a obra de Gramsci, Kosik, Habermas e outros filósofos marxistas. Parece... que o marxismo de Paulo Freire nutre-se nas obras desses autores, especialmente Gramsci. Isso se reflete nos diálogos mantidos com os educadores dos Estados Unidos, [...], entre eles Henri Giroux."[21] Durante esses anos e na década

---

[20] FOUCAULT, M. *Nietzsche, a genealogia e a história.* p. 32-33.

[21] GADOTTI, M. *A prática à altura do sonho.* p. 74.

seguinte, Paulo Freire foi mais e mais ouvido e lido na América Latina, na América do Norte e daí para o mundo todo. Sua *pedagogia* eclética, sincrética, "dialética", decanta e coagula e, mais do que mostrar sua influência por convencimento, mostra como reflete os interesses e capacidades intelectuais de uma época no espaço acadêmico-filosófico-educacional, que se estende até nossos dias.

A massa desse amálgama deu numa idéia valorativa: a de homem/sujeito histórico; como resultado, uma algaravia de termos e expressões existencialistas cristãs (Homem, desumanização, consciência de si, subjetividade, liberdade) e *neo*-hegelo*marxianas* (Homem... de novo, o *homem novo*, coisificação, *práxis*, consciência histórica, "objetividade", "determinação") que se agregou à teoria e prática pedagógicas não só no Brasil como também em muitos outros países. Um sistema de crenças – quase uma Doutrina até – malgrado sua fragilidade sincrética; crida como *Filosofia da Educação*, fundamento racional da educação e da pedagogia.

Vejamos, então, como um dos mais freqüentes e festejados dos historiadores da educação e da Filosofia no Brasil, o professor Severino, definiria uma "razão de ser" da *Filosofia da Educação* para pedagogos, filósofos e professores vários:

> Entendo ser tarefa da Filosofia da Educação contribuir para a *intencionalização da prática* educacional, a partir de sua própria construção em ato, ou seja, como *presença atuante numa* determinada *sociedade*, *num determinado tempo histórico*. Intencionalizar a prática educacional é dar-lhe condições para que ela se realize como *práxis*, ou seja, ação realizada pautando num sentido, *ação pensada*, *refletida*, apoiada em significações construídas, explicitadas e assumidas *pelos sujeitos envolvidos*. É por isso que se pode definir a Filosofia da Educação como o esforço para o *desvendamento/construção do sentido* da educação no contexto do sentido da *existência humana*, *em sua totalidade*.[22]

[22] SEVERINO, A. *A Filosofia da Educação no Brasil: esboço de uma trajetória.* p. 319, *alguns grifos nossos.*

Já em outro lugar, o professor Severino nos fala da escola e de suas tarefas institucionais:

> De um lado, precisa levar o estudante a desenvolver sua inteligência, para dominar bem o exercício do conhecimento e, de outro, a desenvolver outras formas de *sensibilidade*, a desenvolver sua *subjetividade* em toda a gama de sensibilidades que a constituem: a inteligência [...], a *consciência ética* [...], a *consciência estética* [...], a *consciência social* [...]. É toda esta esfera do exercício da *dimensão subjetiva da pessoa* que nos tornam *efetivamente humanos*. [...]. Sem a *vivência subjetiva*, continuamos como qualquer outro ser vivo puramente natural, regido por leis pré-determinadas, vale dizer, sem possibilidades de escolhas, sem flexibilidade no comportamento. [23]

Existencialismo cristão e *neo*nato-"*marxismo*": dois discursos, mas uma mesma valoração abstrata: a da salvação moral e metahistórica do *Homem* – o humanismo; e a da ética como seu atributo. (Nesse campo cultural rasteiro, encharcado e estagnado, subsiste o *rebanho moral* de uma suposta "Filosofia da Educação", no Brasil.)

Ora, vejamos de uma vez com que "*lembrancinhas*" nos presenteia o próprio Paulo Freire, "nosso(?)" *bom velhinho* eurotupiniquim:

> Quando... falo da *ética universal* do ser *humano* estou falando da ética enquanto marca da *natureza humana*, enquanto algo *absolutamente indispensável* à convivência humana. Ao fazê-lo estou advertido das possíveis críticas que, *infiéis a meu pensamento*, me apontarão como ingênuo e idealista. Na verdade falo da ética universal do ser humano da mesma forma como falo de sua *vocação ontológica para o ser mais*, como falo de sua *natureza constituindo-se social* e *historicamente* não como um "a priori" da História. A *natureza*

[23] SEVERINO, A. *A Filosofia na formação do jovem e a ressignificação de sua experiência existencial*. p. 185, *grifos nossos*.

> que a ontologia cuida se *gesta* socialmente *na História*. É *uma natureza em processo* de estar sendo com algumas conotações fundamentais sem as quais não teria sido possível reconhecer a própria *presença humana no mundo* como algo original e singular. [...] Presença que, reconhecendo a outra presença *como um "não-eu"*, reconhece-se *como "si própria"*.[24]

* * *

De volta, porém, aos "bons tempos" de antanho. Naturalmente, quando Nietzsche denuncia a morbidez do pensamento socrático-platônico (como do aristotélico, também, ou do cristão, ou transcendental/idealista), quando, do início de seu filosofar, prepara o campo para o lançamento da sua proposta de pensamento e de valores outros, fecho e corolário de sua genealogia crítica do pensamento ocidental. (Ele próprio se preocupa, já no arremate de sua obra, em resgatar o papel fundamental dos seus primeiros escritos, em sua autobiografia intelectual, o *Ecce Homo*.)

Esses movimentos nos sugerem qual seria a disposição de conjunto de sua obra, sempre afeita à crítica da humana racionalidade, para uma crítica atualizada à "ética humanista" de/para as "Humanidades", consideradas estas, então, como um desenvolvimento daquele conhecimento tradicional, mórbido e arraigado, denunciado por Nietzsche: o conhecimento sobre os homens, resultante da *vontade de poder/saber* – a tal da *Verdade* sobre o *Homem*.

Pretendemos, portanto, armados da "Filosofia de Nietzsche" (e escudados por comentários (também) já "tradicionais" – de Foucault em especial – ou por outros novos mas correlatos, ocupados com o hodierno em Nietzsche: Deleuze, sim, e outros), defender a conveniência e a atualidade de se avaliar criticamente as crenças humanistas – historicamente hegemônicas – da cultura acadêmica contemporânea em educação e na pedagogia.

---

[24] FREIRE, P. *Pedagogia da autonomia*, p. 19-20, *grifos nossos*.

Isso fazemos mas apenas para recusar essas crenças no estudo explicativo abstracionista e universalizante dos homens, consideradas como o sistema discursivo paradigmático, que fosse não apenas uma possibilidade entre tantas, quiçá complementares (anseio *mui defensável*), mas consideradas que são como a formulação definitiva desse campo do conhecimento que vai do conceito de *humanidade* à cultura, ao *ensino e* à *educação* dos homens; essas crenças, assim, recusamos.

***

O pensar humanista moderno, como sintomatologia de uma forma de vida decadente (contraposta *en passant* à saúde e ao vigor da sabedoria, cultura e civilizações antigas), eis o que buscamos encontrar com Nietzsche. Guiados pelos comentários sobre o conjunto de sua obra, da qual, com uma "cautela ousada" (quase "dialética"), selecionamos alguns elementos, para segui-la então, por dentro, onde nos possa ser útil: da sua fase inicial para, quase imediatamente, à fase final.

E desde uma suspeitável "súcia" com Foucault, obrigamos Nietzsche – pela persuasão ou pela (respeitosa) coerção, a falar mais, e até acerca daquilo que calou – a falar o que precisamos ouvir. (Devotos de Judas, porém, e reformadores quanto à culpa, todavia, traímos também a Foucault: este tampouco não nos escapa, ao mesmo e (in)justo tratamento, nem Deleuze, nem quaisquer outros que sejam.) Atemo-nos então a textos que são antes críticos que propositivos – afinal, queremos vislumbrar, num vôo daqueles de e *com* Nietzsche, a nossa humana decadência, sem nos ocupar (ainda) em dela escapar (como Nietzsche mesmo o queria). Se queremos, de fato e com efeito, superar essa *humanidade*, temos de iniciar por entendê-la, para reconhecê-la e denunciá-la, onde estiver – mesmo em nós e de onde estivermos.

Contudo, temos sempre em consideração o fato de que um bom pensador, dessa grandeza, como a de Nietzsche, não consideraria a abordagem crítica de um problema apenas por um curioso interesse, sem que nela se pudesse produzir e dela se pudesse criar para ouvir uma outra composição, *solução* pela negação pura e simples daquele problema [25] – e novamente, as contribuições de um Foucault ou de um Deleuze a isso, queremos crer, seriam das mais relevantes e profícuas –, e que chegaremos apenas a indicar. Resta-nos, enfim, dizer que intentamos promover *uma crítica* da educação e da pedagogia – *com* aquele *nosso* Nietzsche, e não como o próprio.

[25] Mas é Nietzsche que estabelece o seu *tempo*, para isso e para tudo: "O próprio nomadismo tem suas rotinas. [...] "Quantos dramas íntimos, quantas chagas! Que respostas, também: a cada derrota de seu coração, tinha respondido com um livro, obra de sua coragem." E agora: "Nietzsche prefaciador: que paradoxo!". (Um bom e grande pensador transborda sempre em capacidade, até nos atingir um pouco, com bela e arrogante generosidade.) HALÉVY, D. *Nietzsche: uma biografia*, p. 305-306.

CAPÍTULO TERCEIRO

A natividade do homem teórico

> *Como nosso tempo está à procura do nome que melhor poderia exprimir seu espírito, muitos termos foram propostos, e todos afirmando ser o bom. Para qualquer lado que nos voltemos, a época atual apresenta o espetáculo mais caótico dos tumultos partidários, e os grandes homens do momento se reúnem, tais como abutres, ao redor da herança caduca do passado. Em toda parte abundam os despojos políticos, sociais, eclesiásticos, artísticos, morais e outros, e enquanto eles não forem consumidos, o ar não será puro e os seres vivos permanecerão oprimidos.*
>
> STIRNER. *O falso princípio da nossa Educação.*[1]

Do entendimento do que foi, do que se deu, podemos até vir a entender o que será, ou ao menos o que poderá dar-se. Todavia, o que consideraríamos impróprio, até mesmo proibitivo, é de lá do que foi, virmos a decidir o que deve ser. Bem entendido, não é a isso o que aqui nos propomos – a decidir a educação atual a partir do entendimento do passado – mas, sim, a entendê-la com Nietzsche, desde o que a envolve, a cultura toda, e esta, sim, em sua historicidade: apenas o simples "se deu".

---

[1] STIRNER, M. *O falso princípio da nossa educação*, p. 61. Stirner: "jovem hegeliano" herético/ultra-esquerdista; Nietzsche o teria lido com paixão... sem jamais confessar esse fato por escrito.

Destarte, não intentamos uma brevíssima História da Educação, mas menos ainda: uma *curta pesquisa* de/em *camadas culturais* (re)surgidas nos tempos históricos e, em conseqüência, uma identificação aproximada de suas determinações "conceituais" históricas dos estratos teóricos que se foram entremeando e acumulando mais e mais. Nos interessam os estratos teóricos esses por sobre os quais o ensino moderno e a instituição educacional que nele se instituiu, a escola, se estabeleceram e de onde dominam a reprodução cultural e de conhecimentos. Consideramos a importância disso em relação à possibilidade, menor que seja, de uma radical desconsideração: a daquela valoração absolutizante atribuída ao humanismo educacional.

Histórico: da decadência socrático-platônica

A antiga sabedoria e a idéia de hybris

Quando Nietzsche se apresenta aos leitores seus contemporâneos, com *O nascimento da tragédia*, em 1872, pretende-se não ainda filósofo, mas meramente esteta, historiador da arte e da cultura. Amante da beleza mais que da sabedoria, era o teatro, o coro, o canto, a música grega, que o seduzia.

Nietzsche, porém, foi bem mais além. E sem uma intenção esclarecida, pôs-se a filosofar sobre a sabedoria dos antigos, sobre a civilização grega, sobre a Filosofia Helênica original e de antes da conformação da Filosofia Clássica, pelo Medievo e para a Modernidade.

Se o tema inicial daquela obra era a arte grega, seu *espírito trágico* e a distinção e oposição do apolíneo ao dionisíaco, a crítica ao sufocamento do segundo pelo primeiro – tanto na arte como em toda a cultura grega e helenística – levou Nietzsche a identificar, ou melhor, a escolher ou inventar um adversário no qual encontra o plano e o esforço de elaborar e estabelecer o sentido apolíneo na cultura, e que representa o apolíneo em sua própria pessoa. Esse vilão, o velho Sócrates, o mestre do pensamento ocidental, aquele que de início moldou a "Filosofia", tal como geralmente nós a conhecemos hoje em dia.

Bem após, ao historiografar sua própria trajetória vital, biográfica e intelectual, numa obra de 1888, *Ecce Homo*, Nietzsche observa que, além daquela preocupação original que o motivou, a do estudo da tragédia (e da conseqüente valorização da arte sobre o conhecimento racional, devido à defesa do impulso dionisíaco), uma outra ocupação importante foi seu estudo do socratismo[2].

Essa primeira oportunidade de tratar da "Filosofia", Nietzsche percebeu-a, então, como uma necessidade. Entenda-se: Sócrates foi "identificado" com o apolíneo: este princípio intelectivo da contemplação e da passividade diante do mundo, da natureza e da vida, encontra sua manifestação teórica no socratismo pela sua distinção de uma esfera ideal do Ser, acessível ao pensamento sim – mas não pela atividade, limitada esta às aparências de uma esfera imperfeita e incompleta.

Por outro lado, e em função da distinção que é o cerne de *O nascimento da tragédia*, Nietzsche acabou por relacionar com o dionisíaco, melhor dizendo, com a sua equilibrada (e não dominante) presença na cultura grega, o pensamento pré-platônico – entendido como aquela visão de homem e de mundo anterior ou, ao menos, alheio à influência do mestre Sócrates ou dos socráticos maiores: Platão, o discípulo do *Mestre*, e Aristóteles, o aluno do discípulo.

***

Antes da sistematização da "Filosofia" através do estabelecimento da apolínea abstração da *conceituação idealizante*, o pensamento helênico associava a *mitologia* à própria "Filosofia", numa

---

[2] NIETZSCHE, F. O nascimento da tragédia. In: *Ecce Homo.*

forma antiga de sabedoria que via o mundo como um conjunto de manifestações cujo entendimento, mais que raciocínios lógico-ontológicos, privilegiaria as percepções estéticas. Assim, até Sócrates fazer vingar o apolíneo sobre o dionisíaco, a cultura e o conhecimento gregos se permitiam entender (e a agir em) o mundo como uma multiplicidade elementar, para a qual os homens poderiam criar relações estéticas, ao invés de buscar, além do mundo, um esquema formal de sua representação, que o sobrepusesse como objeto de conhecimento.

Até o socratismo valia ainda o seu contrário, o espírito heróico dos antigos, se bem que integrado à cultura toda, nem sua dominante nem conspirando sê-lo: era a idade *trágica* da "Filosofia". A cultura helênica viceja no paradoxo; os gregos enxergavam o mundo, e nele a si mesmos, com um otimismo juvenil. A tragédia, manifestação artística, então, a mais completa, significativa e emblemática da Hélade, seria por excelência a própria representação do espírito daquela época, daquela civilização. Mais que exercício de dramaturgia musical, comunitária e socializante, representava o enfrentamento heróico de um destino terrível. Pois viver, sabiam-no os gregos, é conviver com a dor e o sofrimento, inevitavelmente; mas a outra alternativa, a morte e dela a insensibilidade (esta tentada por alguns filósofos para a vida), foram cuidadosa e criativamente evitadas.

Viril e delicadamente, a Hélade justificava viver como um atributo divino. Não que os deuses dessem vida aos homens, tão somente, mas gozavam-na tanto quanto estes; seus deuses eram vivos e "humanizados", quase homens, como aqueles, os antigos:

> Para poder viver, tiveram os gregos, levados pela mais profunda necessidade, de criar tais deuses, cujo advento devemos assim de fato nos representar, de modo que, da primitiva teogonia titânica dos terrores, se desenvolvesse, em morosas transições, a teogonia olímpica do júbilo, por meio do impulso apolíneo da beleza –

> como rosas a desabrochar da moita espinhosa. De que outra maneira poderia aquele povo tão suscetível ao sensitivo, tão impetuoso no desejo, tão singularmente apto ao *sofrimento*, suportar a existência, se esta, banhada de uma glória mais alta, não lhes fosse mostrada em suas divindades?[3]

Justificada a vida, apesar de sua implicação – a sensibilidade e o respeito à dor, envolvida mesmo a dor nesse esforço de legitimação, ao se considerá-la não um castigo, de um pecado qualquer, mas como um reconhecimento da vida, da presença física, animal e singular no mundo, como natureza e parte dela – a tragédia grega se superava enquanto arte, manifestação cultural e concepção estética, e representava não uma crônica da sociedade, mas a composição do fluxo e das cadeias da vida em sociedade.

Viver como helênico era, pois, ter a representação da vida como um impulso natural, belo (sim, e também), porém antes sublime que belo – pelas suas conseqüências (assumidas pela tragédia como a responsabilização particular pelo fluxo maior do mundo e da vida, numa palavra, da natureza); amoral talvez, instintivo, sim, mas dificilmente inteligente e nunca racional; enfim, a representação da vida como um jogo, eterno e universal.

Sim, eis o que os gregos mais sabiam ou podiam saber antes da sujeição socrático-platônica da *Filosofia*: a vida toda, e a vida dos homens neste mundo que é o único (os deuses nele não estavam como os homens mesmos, os próprios deuses?), é como um jogo; e cruel, sem malvadez, e trágico: chamavam-no *hybris*, noção e valor de relação homens/natureza; noção radical, instintiva, e assim dionisíaca. Uma relação entre ambos, porque a ambos, a natureza e nela os homens, penetra-os – como em cópula.

---

[3] NIETZSCHE, F. *O nascimento da tragédia.* p. 37.

> A experiência dionisíaca, em vez de individuação, assinala justamente uma ruptura com o *principium individuationis* e uma total reconciliação do homem com a natureza e os outros homens, uma harmonia universal e um sentimento místico de unidade; em vez de autoconsciência significa uma desintegração do eu, que é superficial, e uma emoção que abole a subjetividade até o total esquecimento de si; em vez de medida é a eclosão da *hybris*, da desmesura da natureza considerada como verdade e "exaltando na alegria, no sofrimento e no conhecimento"; em vez de delimitação, calma, tranqüilidade, serenidade é um comportamento marcado por um êxtase, por um enfeitiçamento, por uma extravagância de frenesi sexual que destrói a família, por uma bestialidade natural constituída de volúpia e crueldade, de força grotesca e brutal; em vez de sonho, visão onírica, é embriaguez, experiência orgiástica.[4]

Com a presença da noção de *hybris* temos a antítese do *conhece-te a ti mesmo* e do *nada em excesso* apolíneo/socrático, sem que no entanto se lhes excluísse da mundivivência e da visão de mundo dos homens, porquanto se medisse, por brinquedo, com tais contenções à vitalidade. Passo fundamental da *filosofia nietzscheana*, o entendimento do entendimento helênico pré- platônico da *hybris*; a natureza mesma como *jogador* e jogo, como *criador* e recriação, como artista então – ator e músico, note-se, e poeta também, mas não pintor ou escultor, estes tão apolíneos, tão somente.

A vida, essa, inclui, aceita e reivindica a morte: trata-se da chave de um recomeço; o que recomeça, porém, não seria uma vida individual, numa totalidade além deste mundo, mas o próprio fluxo vital da natureza que passa e retorna.

E aqui, mais uma vez, de passagem, defendamos o "último" e ensandecido Nietzsche: uma tal afirmação do valor e da força da

---

[4] MACHADO, R. *Nietzsche e a verdade*. p. 25-26.

vida não condiz mesmo com a associação boateira – noticiosa e vulgar – do trágico ao cansaço, à doença e ao pessimismo.

* * *

Se terrível é uma tal visão de mundo, se a natureza assim é, a serenidade emprestada aos seus deuses e deles retomada fazia com que os helenos assumissem uma certa confiança, paradoxalmente advinda do desespero diante do inevitável, que os impedia de se prostrar diante da ameaça de se deixar levar pelo descomedimento primitivo, que se indicava na concepção da *hybris* e era potencialmente autodestrutivo. (A prostração, aquela, tanto quanto a autodestruição, esta: ameaças. A primeira nos inflige um niilismo filosófico-religioso, otimista, como o hegelianismo ou o existencialismo cristão; a segunda nos aflige com um niilismo artístico-filosófico, perplexo e refratário, como o romantismo *rococó* do "mal do século" ou a literatura "existencialista" rebelde, moralista ou apolítica.)[5]

Ao contrário, os gregos encarnaram o aspecto criativo da *hybris*; o impulso dionisíaco, o envolvimento particular com a natureza e a multiplicidade pelo êxtase, pela vivência real e concreta da *hybris* – nesse caso, a embriaguez dos sentidos (*em verdade*, o rompimento do "véu de Maya" dos sentidos atrofiados pelo apolíneo) evocava o heroísmo titânico, a ousadia de assaltar os próprios deuses em seu quase humano porém olímpico retiro, para sacar-lhes a chama, a luz e o calor.

Vale dizer que a festa dionisíaca era, dessa forma, mundana e sensual, a celebração da civilização grega, de sua sobre-humana e valente criação. Característica do impulso dionisíaco é esta aceitação da constância apolínea; a revivência *original* do

---

[5] Salvemos assim, por gosto, o J-P. Sartre militante, contista e dramaturgo. Aquele outro, o tal escritor de novelas ou tratados filosóficos, nos é quase um estranho; portanto, se quiserem injuriá-lo, acusando-o de hegelianismo mórbido, pouco se nos dá.

primeiro podia conviver, e até reivindicava essa convivência com a contenção contemplativa do segundo... nada mais natural que o confronto e a cópula fertilizante e/ou mortalmente eliminatórios entre ambos – era assim mesmo: o fluxo da vida na natureza, no qual presente também a morte está.

Uma outra forma de vida cultural antes do reinado tirânico de Sócrates. "Não é uma questão ociosa imaginar se Platão, permanecendo livre do encanto socrático, não teria encontrado um tipo ainda superior de homem filosófico, para nós perdido para sempre. Contemplar os tempos anteriores a ele é como examinar a oficina onde se esculpem tais tipos."[6] A poluição apolínea, à falta da moderação própria, iria intervir nesse saudável meio, para pior.

* * *

Quando volve seu olhar aos pré-platônicos, Nietzsche se detém mais demorada e prazerosamente na figura de Heráclito, como um singular/contrário de Sócrates. Isso se explicaria pelo fato de Heráclito tratar do poder criador no mundo, o seu *fogo*, como impulso vital, comparando-o com uma criança que brinca e, nisso, outra vez constrói para voltar a destruir. "Heráclito é o pensador trágico. [...] Heráclito é aquele para quem a vida é radicalmente inocente e justa"[7]. Ou justa *por que* inocente.

A empatia de Nietzsche com Heráclito é quase imediata: Nietzsche, como aquele, chegaria a utilizar a imagem da criança em diversos momentos de sua obra (como o da "criança" que vence o "leão", nos começos do *Zaratustra*[8]). Chega a oferecer

---

[6] NIETZSCHE, F. *Humano, demasiado humano.* p. 179.

[7] DELEUZE, G. *Nietzsche y la filosofía.* p. 38. Tradução livre do castelhano.

[8] Conferir: NIETZSCHE, F. *Assim falou Zaratustra.* p. 36: "Dizei-me...: que poderá a criança fazer que não haja podido fazer o leão? [...] A criança é inocência, e o esquecimento, um novo começar, um brinquedo, uma roda que gira sobre si, um movimento, uma santa afirmação. Sim; para o jogo da criação,... é necessária uma santa afirmação."

lhe uma honraria duvidosa, na comparação de Heráclito com seu primeiro grande Mestre, aquele que o fez perceber a natureza como jogo, como manifestação e desenvolvimento de pulsões, e não da *Razão*:

> A sua concepção do tempo é, por exemplo, a de Schopenhauer, para o qual cada instante do tempo só existe na medida em que destruiu o instante precedente, seu pai, para bem depressa ser ele próprio também destruído; para ele, o passado e o futuro são tão vãos como qualquer sonho, e o presente é unicamente o limite, sem extensão nem consistência, que a ambos separa. Como o tempo, também o espaço, e, como este, também tudo o que nele e no tempo existe só tem uma existência relativa, só existe para um outro, a ele semelhante, quer dizer, que não tenha mais permanência do que ele. Eis uma verdade de evidência imediata, acessível a todos e, justamente por isso, difícil de atingir pela via dos conceitos e da razão.[9]

Esse juízo e essa exaltação que Nietzsche faz de Heráclito, da fluidez da natureza e da multiplicidade mundana, e da relação vital criação/destruição, orientaria sua compreensão da *hybris*, da qual procura eliminar qualquer suspeita de sofrimento imputável...

> O provérbio grego segundo o qual "a saciedade gera o crime" (a *hybris*) parece vir em nosso auxílio, e podemos, com efeito, perguntar-nos por um instante se Heráclito fez derivar da *hybris* este retorno à multiplicidade. Tome-se este pensamento a sério: à sua luz a face de Heráclito transforma-se aos nossos olhos, apaga-se o brilho orgulhoso dos seus olhos, traça-se no seu rosto uma ruga profunda de renúncia dolorosa e de impotência; parece que compreendemos por que razão a Antigüidade tardia

[9] NIETZSCHE, F. *A filosofia na idade trágica dos gregos*. p. 41.

lhe chamou o "filósofo que chora". Não é todo o processo universal um castigo da *hybris*? [10]

Mas não; a resposta é negativa, já o vimos. E, nessa resposta, o homúnculo racional tem indicadas suas limitações – prepara-se, assim, um plano e tática de ataque ao socratismo e à racionalização, quando Nietzsche descreve o processo multíplice, o tempo e o alcance do jogo infantil da *hybris*:

> Um instante de saciedade: depois, a necessidade apoderase outra vez dele, tal como a necessidade força o artista a criar. Não é a perversidade, mas o impulso do jogo sempre despertando de novo que chama outros mundos à vida. Às vezes, a criança lança fora o brinquedo: mas depressa recomeça a brincar com uma disposição inocente. Mas, logo que constrói, liga e junta as formas segundo uma lei e em conformidade com uma ordem intrínseca.
>
> Ao mundo só assim o contempla o homem estético, que divisou no artista e na gênese da obra de arte como o conflito da multiplicidade que pode, no entanto, ter em si uma lei e um direito, como o artista que se coloca meditativamente acima da sua obra e nela está quando trabalha, como a necessidade e o jogo, o conflito e a harmonia se jungem constantemente para gerar a obra de arte. [11]

Essa perspectiva estética vai dominar sempre a visão de Nietzsche; já esta é uma faculdade que Nietzsche julgava perdida pelos homens modernos, num ápice de decadência que já estava à espreita entre os antigos.

O Socratismo, berço da "Filosofia"

A partir de Sócrates e do socratismo, a *Filosofia* tornouse uma justificação e uma justificativa para a decadência humana, pensava Nietzsche. Se os pré-platônicos (o que também

---

[10] NIETZSCHE, F. *A filosofia na idade trágica dos gregos*. p. 48.

[11] Idem, p. 50.

valeria para os *não-socráticos*, aquele contraponto à "dialética", os contemporâneos críticos/retóricos do Sócrates "platônico", os sofistas), com seu entendimento por vezes intuitivo, estético e não meramente racional do mundo fizeram da Filosofia Helênica um exercício tão valoroso à saúde e ao vigor de seu povo quanto os jogos atléticos – a escola do mestre Sócrates seria todavia o verdadeiro marco inicial da "boa" *Filosofia*.

Isso se deu porque essa *Filosofia* incorporou o "exame racional" e a *conceituação idealizante* – vencido que foi o *embate do século V*, Sócrates *versus* sofística..., com a execração, anulação e ridículo intelectual dos sofistas, escorraçados da *História da Filosofia*, que foi escrita enfim pelos vencedores – numa tradição que vem se perpetuando da Idade Antiga até a Moderna. O equilíbrio trágico entre os impulsos apolíneo e dionisíaco, típico da sabedoria grega original, fora perturbado até o rompimento, prevalecendo o apolíneo pela consolidação da racionalidade no *pensamento ocidental*.

Como se deu um tal fato? Como a antiga e trágica sabedoria tornou-se "Filosofia Clássica"? E como esta *Filosofia* fez cultura e história no Ocidente?

Um fator particular e secundário, certamente derivado de outro maior e anterior, é a simples preferência intelectual de época, que elevou o socratismo frente à posteridade, o que lhe concedeu *status* da imortalidade. Algumas gerações apenas, enlevadas pelo espírito apolíneo/socrático, salvaram-no e estabeleceram-no para o futuro, em detrimento da Filosofia Helênica, a mais antiga.

> É uma grande desgraça que tenhamos conservado tão pouco destes primeiros mestres da filosofia e que só nos tenham chegado fragmentos. Por causa desta perda, aplicamos-lhes, involuntariamente, medidas erradas e somos injustos para com os Antigos, em virtude do fato

> puramente casual de nunca terem faltado nem admiradores nem copiadores a Platão e a Aristóteles.[12]

Entretanto, se é resultado do acaso, essa atitude não ocorreu de maneira gratuita nenhuma. Reproduziu, de fato, a cultura de uma época, esse, sim, um fator decisivo e precedente a essa atitude intelectual, o meio que gerou e nutriu o famoso "socratismo Maior".

Com efeito, Sócrates viveu numa Grécia onde os homens já se queriam distintos da natureza; sentiam-se, por outra, presos à natureza, e isso era "mau". Para os socrático-platônicos, somente a "transmigração" da alma humana permitiria a libertação do mundo natural. Ora, se, de início, a cultura da primitiva Hélade pode imaginar, junto dos homens, os deuses "humanizados", naturais e até mundanos, de modo a legitimar sua própria vida social, agora, a cultura de uma Grécia tardia voltava as suas costas decadentes a essa conquista, para então imaginar não mais uma natureza animada e divinal, mas uma sobrenatureza, algo além deste mundo – e nesse algo já podia figurar uma idólatra condição ideal de *humanidade*.

***

Se, antes de Sócrates, viver fora válido, apesar dos sofrimentos conseqüentes, com e após o aparecimento deste na cena cultural grega, tais sofrimentos perderiam seu valor, passariam a "não-ser": meras aparências, sombras de um mundo não somente melhor, mas *absolutamente bom.* Moral e método socrático, o caminho desse mundo; Platão e Aristóteles, antes de e depois com o cristianismo, também; esses socráticos maiores, com seu *mundo das idéias* e sua *realidade suprasensível* separam o homem da natureza, a qual só poderiam ver, então, desde fora dela.

---

[12] NIETZSCHE, F. *A filosofia na idade trágica dos gregos*. p. 24.

Para Nietzsche e para pré-platônicos como Heráclito, todavia, viver sem sofrimentos não é viver: só não há dor na morte e é morte o que quereriam e propõem os idealizadores da autarquia e da insensibilidade dificilmente mundanas; demasiadamente humanas, porém, como mera pretensão.

Por outro lado, tão somente humanas, pois se tratava não mais que fugir às conseqüências da vida, antes encaradas com olímpica serenidade – vale dizer, os homens já não queriam encarar a vida como o faziam seus deuses. Não era para o clássico Epicuro que os deuses não diziam respeito aos homens? A ambição ao "Belo Ideal" não passaria, assim, do medo em se reconhecer a sublimidade da natureza.

Ou não seria o seu contrário? O impulso apolíneo na cultura teórica, representado na Grécia Clássica pelos socráticos, não seria, ao invés do caminho da decadência helênica, o seu apogeu cultural e o ponto de partida de um intenso desenvolvimento intelectual para o Ocidente? Não é assim que se considera Platão na *História da Filosofia*, como o melhorador de Sócrates e o preparador de Aristóteles, ao propor e construir o conhecimento teórico ideal do mundo real/ideal? Mas não esqueçamos que o platonismo fora uma *reação decadente* contra uma crise de civilização: contra a aterrorizadora ascensão das pulsões, o restabelecimento da ordem na Cidade, começando pela alma...

> O platonismo é o ópio dos "fracos". E é por isso que ele só pode conceber o pensamento sob o signo de uma *parada*, como o contrário de uma viagem. Há, dizem-nos, a grande vaga das "opiniões", a flutuação da dúvida – depois o advento do saber, isto é, do *repouso*, que suprime o mal-estar.
>
> [Sem agitação, e nenhum sofrimento, pois não deve/pode haver a fricção do movimento em qualquer velocidade, nem em pensamento.]
>
> Pensar é encontrar a calma. Insensatos que acreditais que "tudo se move"; poderíamos sequer falar, poderíamos viver, meu caro Teeteto, se essa gente tivesse razão?...

> [em seus diálogos, Platão não encontra jamais quem queira ou possa retrucá-lo; mas consertemos o mundo ao nosso modo.]
>
> – Insensatos, replica Nietzsche, que pretendeis que tudo se imobilize.[13]

Vale dizer, para o socratismo o mundo é transfixado pelo pensar e submetido, rígido, crucificado, para livrar os homens do seu mal-estar, de sofrer, de viver mesmo. Eis a pedra de toque da crítica nietzscheana à racionalidade clássica apolíneo-socrática: é uma teorização que despreza e ataca a vida, não apenas a dos homens, mas toda a vida social; portanto poderia matar (e o pôde na Grécia) a cultura de um povo e, assim, promover a decadência de sua civilização. A Filosofia Antiga, verdadeiro bálsamo do espírito helênico, tornou-se, pois, o seu envenenamento.

> Há, sem dúvida, bons exemplos de uma saúde que pode subsistir sem filosofia, ou que dela faz um uso muito moderado, quase lúdico; e foi assim que os Romanos passaram a sua época dourada sem filosofia. Mas, será possível encontrar o exemplo de um povo doente ao qual a filosofia tivesse restituído a saúde perdida? Se alguma vez ela manifestou ser útil, salutar e preventiva, foi para com os povos sãos; aos doentes tornou-os sempre ainda mais doentes.[14]

Nesse mundo decadente – pois assim foi a cena dos socráticos – eles assistiram e interpretaram o drama da degeneração da Grécia, invadida antes de tudo politicamente, submetida e sem forças para sustentar sua civilização diante das potências que os absorveram (primeiro os macedônios, depois os romanos), desconstituída internamente social, cultural e o pior, moralmente; de helênicos tornam-se helenísticos/macedônicos e após helenístico-romanos: é o ocaso da velha Grécia, sua "sabedoria", cultura e civilização, que sub*sobrevivem*, então, com o cristianismo culto e daí no Medievo, corrompidas pelo menos, mas

[13] LEBRUN, G. *Por que ler Nietzsche, hoje*. p. 34.

[14] NIETZSCHE, F. *A filosofia na idade trágica dos gregos*. p. 17.

até mutiladas – assim, os "gregos" ainda deram margem a se tornar uma bravata histórica. De homens vencidos, os socráticos descobriram-se os timoneiros do avanço inevitável da *razão teorética* ao pólo único da *Verdade*, orientando o pensamento humano por um tempo ideal que, tranqüilo, se esparramasse...

> Para demonstrar também no tocante a Sócrates a dignidade de tal posição de condutor, basta reconhecer nele o tipo de uma forma de existência antes dele inaudita, o tipo do *homem teórico*, cuja significação e cuja meta é nosso dever agora chegar a compreender. Também o homem teórico tem um deleite infinito com o existente, qual o artista, e, como ele, é protegido, por esse contentamento, da ética prática do pessimismo e de seus olhos de Linceu, que só brilham na escuridão. Se com efeito o artista, a cada desvelamento da verdade, permanece sempre preso, com olhares extáticos, tão somente no que agora, após a revelação, permanece velado, o homem teórico se compraz e se satisfaz com o véu desprendido e tem o seu mais alto alvo de prazer no processo de um desvelamento cada vez mais feliz, conseguido por força própria. [15]

– Não adviriam daí, quiçá, as norteadoras idéias metafísicas de desenvolvimento racional e *progresso histórico*, tão caras às rotas e aos negócios da ocidentalidade moderna? O *classissismo*... uma molenga invenção, *mezzo* cristã medieval, *mezzo* renascentista, adaptada a esses novos tempos modernos de cultura burguesa! Assim, nessa inconsistência, como que se acabou a "*História da Humanidade*"?!

Foi numa forma de decadente adaptação que o socratismo contribuiu para a "queda" da *civilização grega*, numa susbsistência subserviente: quando em "meia-vida", àqueles passados "bárbaros", já cansados e acomodados; postumamente, pela infestação, obsessão e possessão cristãs. Pensando o forçar-se

---

[15] NIETZSCHE, F. *O nascimento da tragédia.* p. 92-93.

ao isolamento as diferenças "constitutivas" da velha Grécia, sintetizando-as após e minando, assim, a *harmonia* polêmica da antiga sabedoria helênica, autóctone e vigorosa – tornando obscena a noção helênica pré-platônica de mundo, da *hybris* e da vida humana como um complexo mundano natural – o socratismo fez por receber em seu lombo os encargos de escrevinhar, declamar e talhar o discurso fúnebre e o epitáfio de uns restos da Hélade.

* * *

É mérito de Nietzsche: "a compreensão do socratismo: Sócrates pela primeira vez reconhecido como instrumento da dissolução grega, como típico *décadent*. 'Racionalidade' *contra* instinto. A 'racionalidade' a todo preço como força perigosa, solapadora da vida!"[16]; ou seja, ter percebido, apesar de todo o ensino acadêmico secular, e até milenar, em contrário, o significado do apolíneo Sócrates para o Ocidente: de um *homem grego* sim, mas tardio – quase helenístico e, portanto, já decadente. E não é comum para a *História* em geral, nem para a *da Filosofia* o reconhecimento do período pós-helênico como do fim da cultura grega? – mas nunca, nunca representado pelos socráticos, estes não! Pois não é que os socráticos nos são *sempre reapresentados* como os "fortes", que caminham sóbrios para a sua morte e a de seu pesaroso e desculpável mundo?

Acontece que os modernos "êmulos" da Antiguidade não desprezam a morte: desejam-na. O elogio à vida e à criação artística, permutado pela racionalidade que redime a morte e aponta a decadência cultural, eis o feito de Sócrates sob a visão de Nietzsche. A secção prévia mas definitiva entre *viver* e *pensar*, com o abandono formal do primeiro – e com a conseqüente supernutrição do segundo – este foi o preço cobrado pelo

[16] NIETZSCHE, F. *Ecce Homo*. p. 62.

socratismo ao pajear a Filosofia Clássica/Ocidental, tenra cria adotada e adestrada pelo racionalismo socrático, presumidamente o parteiro do "verdadeiro conhecimento".

Uma fisiologia do *corpus* humanista

Morre a Grécia. Na pobreza desses novos tempos, tempos espiritualizados sem espirituosidade, eclode o cristianismo medieval chocado e instituído nas ruínas de Roma pelo calor de inúmeros corações, multiplicados, crescidos e resignados na escravidão, e já dela dependentes, como o eram de seu *Deus*.

OUTRA DECADÊNCIA: A RAZÃO *HISTÓRICA*

O tristinho cotidiano cristão do Medievo acostumou as mentes ocidentais a uma rotina racionalizada; longe estava a atenção humana da vida social e da luta dos homens pela afirmação e domínio num mundo que não lhes oferecesse vantagens, mas desafios. Acomodados os espíritos vulgares às facilidades das crenças (também religiosas, mas principalmente, e é o que aqui nos interessa, político-culturais), substituída a moral solitária, heróica e altiva dos antigos helênicos por uma moral de grupo, aceitação e coesão social, os comportamentos e as percepções foram se homogeneizando.

O culto medieval aos socráticos maiores fez o mesmo com a "Filosofia": a compulsão dos tratados, as teorias eternas, a sistematização totalizante e absoluta; em suma, uma *racionalização cristã* do pensamento, que deu à Filosofia Medieval uma versão internamente complexa, sim, mas simplificadora em relação à ação, ao movimento e à vida. O princípio do livre-arbítrio, por exemplo, apesar de suas complicadas justificativas, não reduz o ato volitivo de escolha, simplesmente, ao *bem* ou *mal*? E como "Bem" só havia ou podia haver um único, que era o oficial cristão, quantas possibilidades diferentes e singulares não se poderiam esconder sob o título de "Mal"?

A Modernidade acomete depois contra o mundo medieval e modifica os "paradigmas" culturais do Ocidente, e o faz sob uma malha de corriqueiras crenças e costumes que não deixariam de enredar as novas formas de pensar. A Filosofia Cristã – especulação fundamentalmente ontológica sobre o objeto da criação divina, o mundo do pecado e seu ente por excelência, o *Homem* como imagem de *Deus* – é readaptada em "Filosofia" sobre o homem-sujeito no mundo, como especulação gnoseológica sobre esse *sujeito* conhecedor e explorador da natureza e dos próprios homens.

Se a platônica separação primordial entre a vida mundana e "aparente" e a realidade "ideal"/idealizada (para nem falarmos do "*deus ex-machina*" de Aristóteles), ofereceu suficientes subsídios ao cristianismo medieval para que este homogeneizasse os procedimentos e os referenciais dos homens, apenas na noção de *Deus* e nas idéias que exige e comporta, o cristianismo, por sua vez, lega à Modernidade a velha confiança no raciocínio e na "conceituação" absolutizantes, bases históricas para o surgimento das modernas ciências.

Dos clássicos para os modernos, passando pelos cristãos medievais, a *razão abstrata* e *abstracionista* dava a tônica: separa os "conceitos" do mundo natural, desnaturaliza os homens anulando-os diante de *Deus* e, finalmente, elege o próprio "conhecimento humano", a *razão teorética*, ao posto de fundamento do pensamento, sem dar lugar à simples vida, lugar como o guardavam os antigos pré-socráticos.

Quando no século XIX o(s) "método(s) científico(s)" e as escolas filosóficas positivas tomam conta de vez das academias e da comunidade intelectual, em particular na segunda metade do século, Nietzsche percebe no fato as marcas daquela relação de decadência a que nos referimos. A racionalidade do tipo socrático, reação pessimista à manifestação natural e desmedida da vitalidade, estaria travestida de confiança no *Progresso* ordeiro e positivo?

> E a ciência mesma, a nossa ciência – sim, o que significa em geral, encarada como sintoma da vida, toda a ciência? Para que, pior ainda, *de onde* – toda a ciência? É a cientificidade talvez apenas um temor e uma escapatória ante o pessimismo? Uma sutil legítima defesa contra – a *verdade*? E, moralmente falando, algo como covardia e falsidade? E, amoralmente, uma astúcia? Ó Sócrates, Sócrates, foi este porventura o *teu* segredo?, ironista misterioso, foi esta, porventura, a tua – ironia? [17]

Para além de tratar do mesmo, *nossa modernidade*, acerca do mesmo, essa *moderna racionalidade* não seria ainda, e já também, mais um dentre alguns sintomas recorrentes do cansaço da cultura, da doença da civilização?

> Poderia porventura, a despeito de todas as "idéias modernas" e preconceitos do gosto democrático, a vitória do *otimismo*, a *racionalidade* predominante desde então, o *utilitarismo* prático e teórico, tal como a própria democracia, de que são contemporâneos – ser um sintoma da força declinante, da velhice abeirante, da fadiga fisiológica? E precisamente *não* – o pessimismo? Foi Epicuro um otimista – precisamente enquanto *sofredor*? [18]

É, sim, o mesmo acerca do mesmo: assim como a Grécia, agora todo o Ocidente enfrentaria essa decadência (será mesmo que ousaria tal luta?); mas aí, então, já a *racionalidade* havia se estabelecido como cientificismo (ah, se ousou, perdeu; a decadência se instituiu). À época da Biologia, da Psicologia e da Sociologia, os homens ainda teorizavam como Sócrates; porém, a "Filosofia" tornava-se tímida ante o crescimento das ciências empíricas e positivas.

As noções clássicas de linearidade e avanço do pensamento, do mundo das aparências para o mundo das idéias, vale também dizer, da passagem do mais simples e fácil ao mais complexo e

---

[17] NIETZSCHE, F. *O nascimento da tragédia*. p. 14.

[18] Idem. p. 18.

difícil, mantinham-se, todavia, nas noções ideo-historicistas ou positivistas de *desenvolvimento histórico necessário* e de *progresso científico*, respectivamente. A "vida humana", e suas sucessões, podia, então, ser vista como um vetor temporal, com um objetivo (pela *Razão* predeterminado) a ser atingido pela *humanidade*, cumpridas metas e etapas, obedecendo sempre a uma direção e um sentido próprios, ideais, transcendentes ou inerentes ao mundo.

***

O historicismo "científico", como princípio metódico ou tendência intelectual, grudou-se a quase tudo o que tocou, subsistindo, parasitando, crescendo e espalhando-se em todas as direções da cultura ocidental no século XIX.

Se o helênico/helenístico Sócrates marcou seu lugar na *História da Filosofia* ao propor-se, contra um embasamento pluralista do viver (na ação e no pensar) na/da cultura helênica, favorável a um pretensamente verdadeiro porque racional mundo ideal, também o marcou o cientificismo, quando se combinou ao historicismo ao inocular em nossa cultura a confiança na "razão humana", como um processo em crescendo, indefinidamente capaz de, num futuro (esqueça-se o passado) do qual não se sabe a distância, propiciar novos e ainda novos saltos de qualidade para o aprimoramento do conhecimento e até da "natureza humana".

Entretanto, o anseio cientificista à totalidade e à universalidade, pela exaustão dos pontos de vista, tornou-se lugar comum entre tantos dos maiores pensadores da época, positivistas e/ou historicistas, assumidos ou não: o próprio A. Comte, S. Mill, H. Spencer, o renovador É. Durkheim e tantos outros 'tios' das ciências modernas, em especial na área das "Humanidades".

Apesar da euforia com a variação dos vetores para o conhecimento, com a análise dos diversos campos de saber, os arroubos cientificistas não seriam, para Nietzsche, senão um pseudo-otimismo. A nova cultura da especialização, irmã intelectual menor da civilização tecnocientífica moderna, viria a fazer definhar quaisquer conhecimentos, quando o submeteu aquela idealização, o moderno conhecimento teórico, ao bisturi de uma dissecação...

> A ciência abrange um círculo monstruosamente vasto e com isso cresceu também a possibilidade de que o filósofo se detenha nos primórdios de seu estudo e se ponha a se "especializar" em algum aspecto; de tal forma que não se possa chegar à altura desejada, que lhe permitiria olhar do alto, ao alto, para baixo e ao seu redor. Ou que chegue a ela demasiado tarde, quando já tiver esbanjado seu melhor tempo, as suas melhores forças ou chegar desgastado, pesado, degenerado, de tal modo que seu juízo dos valores tenha apenas uma pequena importância.[19]

Com essa *Ciência*, a Modernidade negaria o valor da vida, enquanto perspectiva e valor, o que poderia provocar o pensar, num pensamento que justificasse e legitimasse a vida própria, como seria o pensamento nietzscheano. A vida diversa e ativa como afirmações nela mesma (no movimento e na pluralidade mundanos e como singularizações em diferença), fosse pela disputa intelectual, fosse pela ação e pratica políticas (numa vertiginosa variação tanto quanto o jogo vital da "natureza *heracliteana*"), tudo isso que já vinha sendo secularmente atacado e destruído por mínimas noções que ainda fossem, essa vida, o cientificismo em geral a negou em favor da supervalorização e da definição abstrata de um conhecimento teórico totalizante, e pela sua totalizante especialização para cada parte do "Todo" universal. O mesmo cientificismo totalizante valeria para as tais "Humanidades". Nenhum aclaramento quase, para a vista estética, eis uma das mais tristes deficiências dos homens modernos.

Progresso humano versus *afirmação da vida sublime*

O grande desprezo de Nietzsche pelo seu tempo não se transformou em horror e distanciamento – não, um espírito

[19] NIETZ SCHE, F. *Além do bem e do mal.* p. 134.

"antigo" e criativo como o seu (ou intempestivo, ou extemporâneo, se preferirem), ao descobrir e identificar um *processus* de decadência em seu mundo cultural, não poderia deixar de propugnar uma concomitante resposta/ação. Diante da força moral e do frescor modernos dos métodos e das escolas científicas positivas, finca pé a violência reativa de Nietzsche, como um ginete a querer se provar:

> O que consegui então aprender, algo terrível e perigoso, um problema com chifres, não necessariamente um touro, por certo, em todo caso um *novo* problema: hoje eu diria que foi o *problema da ciência* mesma – a ciência entendida pela primeira vez como problemática, como questionável. [...] – pois o problema da ciência não pode ser reconhecido no terreno da ciência – [...] – *ver a ciência com a óptica do artista, mas a arte, com a da vida...* [20]

Se desde Sócrates, os ímpetos de submissão dos homens diante da racionalidade, "dialética" de início, sempre sistematicamente totalizante e totalitária, depois tratadista, cristianamente lógico/metafísica, positiva e cientificista finalmente, levaram-nos a justificar e legitimar essa sua fraqueza, vendo nela um desenvolvimento progressivo intrinsecamente necessário e verdadeiro (*belo* e *bom* também), aí, então, tanto pior para eles:

> Nietzsche recusa especialmente ao conhecimento sua pretensão de opor-se à vida, de medir e julgar a vida, de considerar-se a si mesmo como fim. A inversão socrática aparece já sob esta forma n'*O Nascimento da Tragédia*. E Nietzsche não se cansará de dizer: o conhecimento, simples meio subordinado à vida, terminou por erigir-se em juiz de suprema instância. Mas [...] a oposição entre conhecimento e a vida, a operação pela qual o conhecimento se faz juiz da vida, são sintomas e apenas sintomas. O conhecimento se opõe à vida, mas porque expressa uma vida que contradiz a vida,

[20] NIETZSCHE, F. *O nascimento da tragédia*. p. 14-15.

> uma vida reativa que encontra no próprio conhecimento um meio de conservar e de fazer vingar o seu tipo.[21]

Nada mais que convencionalismos, para se suportar a própria mediocridade, de suas épocas, povos, civilização e cultura. A moderna *Razão* teria sempre permitido e buscado a convenção de normas (de conduta, morais, estéticas, de gozo; e bem entendido, de pensar, explicar, comportar-se para com a *Verdade*) que nada mais fazem que adular e simplificar, e com isso submeter os homens, convencendo-os de uma contabilidade da Unidade Transcendente, no *Homem*, na humanidade ética e metafísica.

***

Criação humana, a *Razão* pôde pôr fim a essa sua criatividade: e se pudesse haver um termo nessa arriscada aventura de se viver sem normas – senão as ditadas pela moralidade racional –, talvez pudesse haver também, pela força da *Razão*, o alcance histórico da finalidade da *Razão*. Pensando assim, os *homens de ciência* se descobriram no ápice do avanço da racionalidade – descobriram-se modernos, *de uma modernidade* que, *como época*, esgotou as possibilidades que as outras épocas, por "*limitadas*", não poderiam aproveitar.

É na Modernidade que a inteligência humana (mas a mero exemplo de outras épocas, o que os modernos respondem com um simplório "agora é diferente; antes foi só... um ensaio") declarou seus agradecimentos ao passado por tê-la permitido a sua perfeição, ao mesmo tempo em que se desculpa com o futuro, pois este nada mais poderia esperar além de ser o caminho para a completude dessa inteligência. Sinal dos tempos, quiçá de outros, sublimes tempos, para Nietzsche.

A idéia de "progresso humano", em especial do *progresso da razão humana*, dá por encerradas as brincadeiras inconseqüentes da inteligência nos percalços da história. Tendo todo o

[21] DELEUZE, G. *Nietzsche y la filosofia.* p. 141. Tradução livre do castelhano.

possível (conforme a *Razão*, os "conceitos" e a *Ciência*) sido já visto no tempo, agora se trataria de prever os seus vetores espaciais. Seria como um salto evolutivo do próprio *Progresso*, quando sua noção se impõe: isso fora o *Progresso*, o caminho único, em linha reta e lento até a Modernidade, para se sair de um espaço caótico; uma vez nela, ângulo perfeito, o *Progresso* deixaria para trás o passado para formar a verdadeira e simples figura do *Homem* e da inteligência conscientemente racional, figura aberta, mas limitada por um vértice ainda único e reto – a Modernidade, marco maior do "progresso humano".

Ora, o "*progresso histórico-científico*" como foi visto e ouvido por Nietzsche, tratava – positivamente – de ordenar o conhecimento, regateando à criatividade os limites do simples, o ponto médio da "Ciência" de hoje. Caráter decadente, sem (nossa) dúvida, como o da Filosofia Socrática. Na Modernidade, os homens são... *Homem*, sujeito universal da *Razão* universal, a qual independeria da tão mais simples natureza material e mundana, múltipla e diversa, um espaço de diferenças, e não de *unidade ontológica*.

Quanto à idéia positiva daquele *Progresso*, um novo perigo: o de se substituir a "Filosofia" a qual, de mal a mal, era o campo de gládio de Nietzsche contra a racionalidade totalizante e a decadência moral, exercício crítico (e autocrítico) de que careceria a *Ciência*, a qual *salvaria* a "Filosofia" como que para manter "as aparências":

> A ciência está hoje em plena floração e demonstra sinceramente a boa fé com que está animada, enquanto aquilo, que representa o gradual envelhecimento da filosofia, aquele avanço da filosofia que nestes dias permanece apenas pode gerar desconfiança e mau humor, se não levar a menosprezo e compaixão. Filosofia reduzida à "teoria do conhecimento", mas, na verdade, nada mais que registro de uma época, uma teoria de abstinência; má filosofia que não sabe ultrapassar a soleira e que meticulosamente recusa a si mesma o direito de entrar – mas esta é uma

> filosofia agonizante, algo que provoca piedade. E como tal filosofia pode dominar!??[22]

* * *

Um gosto tal, um tal esforço de ordenação e simplificação dos homens e de sua vida, e a invenção/"descoberta" de um direcionamento teleológico para a história (matando-se com isso a ação criativa ou, ao menos, submetendo-a, aniquilando-a sob a força da *Razão*), não formavam, já o vimos, um quadro que se valesse, ao olhar de Nietzsche. Seu incômodo manifestou-se, desde cedo e como sempre, belicosamente, num ataque violento ao comodismo a que se entregou o *Homem* moderno, cantando a grandeza não da tranqüila força do *Progresso*, é quase óbvio, mas recordando onde e como os homens se fizeram grandes:

> Há épocas em que o homem racional e o homem intuitivo ficam lado a lado, um com medo da intuição, o outro escarnecendo da abstração; este último é tão irracional quanto o primeiro é inartístico. Ambos desejam ter domínio sobre a vida: este sabendo, através de cuidado prévio, prudência, regularidade, enfrentar as principais necessidades, aquele, como "herói eufórico", não vendo aquelas necessidades e tomando somente a vida disfarçada em aparência e em beleza como real. Onde alguma vez o homem intuitivo, digamos como na Grécia antiga, conduz suas armas mais poderosamente e mais vitoriosamente do que seu reverso, pode configurar-se, em caso favorável, uma civilização e fundar-se o domínio da arte sobre a vida: aquele disfarce, aquela recusa da indigência, aquele esplendor das intuições metafóricas e em geral aquela imediatez da ilusão acompanham todas as manifestações de tal vida.[23]

[22] NIETZSCHE, F. *Além do bem e do mal.* p. 133.

[23] NIETZSCHE, F. *Sobre a verdade e a mentira no sentido extra-moral.* p. 37.

Aqui, lembremo-nos do "espírito helênico" como um antípoda da magnífica idéia de *Progresso*, que tanto horror a Nietzsche causava, *do alto da sua tribuna da modernidade*: esse fruto tardio da racionalidade, corolário de sua imposição pela aceitação, cobrança mesmo da maioria; a opressão de homens criativos, artísticos, pela *humanidade* dos mensuradores e negociantes – uma idéia não apenas voluntariamente dispensável, mas historicamente desvalia enquanto necessidade, posto ter podido haver, entre povos "viris" e "nobres", alguma cultura distinta, prévia e superior, em sua *antiguidade*: a cultura da Hélade.

O *Progresso* seria, assim, apenas mais uma ficção – a frágil, mais retumbante, idéia de uma pseudo-síntese de passado/futuro, em que prevalece, pela simples representação numérica, o cuidado e o temor dos fracos que se fazem "força", nem mesmo pela própria ação, mas pela normatização de toda ação alheia.

Como o foi o cristianismo, ou mesmo o seria, modernamente, uma sua versão filosófica, o hegelianismo; e a crença no *Progresso*, em sua variante pós-iluminista e romântica, que é a do historicismo dialético, e que iria influenciar em muito, por sua vez, as "ciências humanas" emergentes – algumas vezes nisso superando até o positivismo. Contra a perspectiva trágica antiga estava a "dialética" socrática; e contrário à nova "dialética", ao romântico, vulgarizado (*vulgarizável mais ainda*!) e melodramático hegelianismo, estava o trágico Nietzsche:

> A dialética, em geral, não consiste numa visão trágica do mundo, mas no seu contrário, na morte da tragédia, na substituição da visão trágica por uma concepção cristã (com Hegel). O que se descobriu nos textos de juventude de Hegel é também a verdade final da dialética: a dialética moderna é a ideologia propriamente cristã. Ela deseja justificar a vida e a submete à ação do negativo.[24]

[24] DELEUZE, G. *Nietzsche y la filosofía*. p. 31. Tradução livre do castelhano.

O *Homem* teórico, que se gesta com o socratismo e na cultura helenística, nasce, se reproduz e ressuscita conforme a cultura se transforma nos tempos históricos. Na Modernidade, há um novo *Homem* que em sua *vontade de saber/poder*, deseja "Ciência" humanista, e decreta (e legisla sobre) a teorização do *humano*. Nessa teorização, à *história historicista* cabe interpretar o constrangedor papel secundário de advogado geral da causa humanista, num dramalhão moralista e piegas. Tempo de realização da "natureza humana", essa "história" não pode passar de refúgio ao totalitarismo mais covarde, pois envergonhado e disfarçado. W. Hegel sim, e A. Comte também, aí se escondem.

* * *

Na crítica aos seus contemporâneos, Nietzsche antevia a mais terrível das épocas possíveis; nesse mesmo tempo, uma provação sem par aos homens, aos quais porém seria apresentada uma chance de "escolha", de se fazerem homens diferentes, e superiores, para além de seu tempo, de Nietzsche, tempo de ciência/técnica de negócios, e de decadência na mensuração e na mediocridade.

A *modernidade* propõe e busca o *fim da história*, sem que os modernos se dêem conta do sintoma que é a sua pressuposição de maior valor, qualitativamente melhor valor que daqueles "inviáveis e inaptos" homens do passado, valor presente e que permaneceria imutável num futuro marcado só por ponteiros: o poder do negócio e do acordo, da convenção (em torno do *Progresso*) de que a cultura universal tenha encontrado a paz dos túmulos, com a negação não da pluralidade, mas do orgulho na autenticidade. O recalque, todavia, de um tal sintoma, não faria mais talvez que confirmar a doença.

> A humanidade não progride lentamente, de combate em combate, até uma reciprocidade universal, em que as regras substituiriam para sempre a guerra; ela instala cada uma de suas violências em um sistema de regras, e prossegue assim de dominação em dominação.

> É justamente a regra que permite que seja feita violência à violência e que uma outra dominação possa dobrar aqueles que dominam. Em si mesmas as regras são vazias, violentas, não finalizadas; elas são feitas para servir a isto ou àquilo; elas podem ser burladas ao saber da vontade de uns ou de outros. O grande jogo da história será de quem se apoderar das regras, de quem tomar o lugar daqueles que as utilizam, de quem se disfarçar para pervertê-las, utilizá-las ao inverso e voltá-las contra aqueles que as tinham imposto; de quem, se introduzindo no aparelho complexo, o fizer funcionar de tal modo que os dominadores encontrar-se-ão dominados por suas próprias regras.[25]

Um jogo: bela imagem que Heráclito tinha da vida e, assim como ele, Nietzsche. Também perigosa essa imagem; causa vertigens, já é mais que bela. Nossa moderna *Estética* modorrenta não nos seria suficiente para nos falar da aceitação e perverso prazer da dor na vida.

* * *

Eis, pois, a resposta com que nos havíamos comprometido! A "determinação ao acaso", o nexo como posterior ao fato, como derivado dele, como estabelecimento de limitações, como num jogo de azar:

> Os dados lançados uma vez são a afirmação do *azar*, a combinação que formam ao cair é a afirmação da *necessidade*. A necessidade se afirma no azar, no sentido preciso pelo qual o ser se afirma no devir e o uno no múltiplo. Dir-se-á, inutilmente, que lançados ao azar, os dados não produzem necessariamente a combinação vitoriosa, o duplo seis que traz consigo um novo lance. Certo, mas somente na medida em que o jogador não tiver sabido *afirmar* o azar. Porque assim como o uno não suprime

[25] FOUCAULT, M. *Nietzsche, a genealogia e a história.* p. 25-26.

> nem nega o múltiplo, a necessidade não nega nem suprime o azar. Nietzsche identifica o azar com o múltiplo, com os fragmentos, com os membros, com o caos: caos de dados que se chacoalham e se jogam. *Nietzsche faz do azar uma afirmação.*[26]

Nesse jogo vital e histórico, entretanto, os fracos não se disporiam a entrar; fugiriam dele, ao menos de sua conclusão, gostariam, se tanto, que ele perdurasse indefinidamente. Mas sem um objetivo particular não há jogo de fato. Assim, a sobrecarga de regras inventadas/descobertas para a vida ou, digamos, o jogo, para que ele não acabe (ou continue mesmo noutro mundo) só fazem sufocá-lo.

O jogo infantil, de regras criadas e esquecidas, e recriadas, torna-se adulto, limitante e fixador. E a vida, onde os dominantes negam o seu poder, apresentam-se e requerem-se finais, absolutos (sim, os modernos, representantes do *Progresso*, da "Ciência" e da *Razão*), paralisando o jogo, só fazem explícita a doença – a decadência da cultura como negação da vida.

Não teriam os modernos, porém, o gostinho de saber de apenas um traço de pessimismo histórico ou de desgosto pela vida, em Nietzsche. Mesmo ou melhor, até na doença, até por ela, Nietzsche pensava mais alto e arejadamente – e como ele, até com a doença da cultura, os homens crítico-criativos também o poderiam. Paradoxo, outro, no pensamento nietzscheano, mas efetiva contradição apenas se cultivarmos o medo à vida.

Amando a destruição/criação mundana dos homens, tanto histórica quanto teórica, se bem que mais de tudo na arte e na política, ainda assim Nietzsche nem mesmo desdenhava a *Ciência*. A racionalidade científica esta poderia até ser um último estertor, de uma velha civilização que se inflamasse e renovasse como a fênix mítica – e isso não seria ruim e, sim, *muitíssimo bom*. Nietzsche quis, sim, ou sonhou um *Ciência* que amasse e, assim,

[26] DELEUZE, G. *Nietzsche y la filosofia*. p. 41. Tradução livre do castelhano.

aquecesse e nutri-se o mundo e a vida, como um *astro amigo*: nunca o Sol do Sócrates "platônico", mas o de seu *Zaratustra*...

De alguma e qualquer maneira, eis, pois, a realidade nada onírica de *nossa modernidade*. Nada mais nela sobraria aos homens a que se apegar; pois cansado ia já, há muito, o moralismo socrático ou cristão: a *Razão* não se "corrompeu", tão somente, mas se corroeria, a si própria. Insustentável, portanto;

> O verdadeiro mundo – inacessível? De qualquer modo, inalcançado. E enquanto inalcançado, também *desconhecido*. Portanto, nem consolador, nem redentor, nem obrigatório: a que poderia nos obrigar algo desconhecido?...[27]

Sem obrigações quaisquer, não caberia aos homens, não poderiam criar livremente? Ou então poderiam desesperar-se e definhar. O que nos tem acontecido, a nós, modernos?

[27] NIETZSCHE, F. *Crepúsculo dos ídolos*. p. 51-52.

Uma "Educação" para... a Salvação!

> *O burguês do século XVIII considera que a natureza é boa. Mas Sade, esse, não é um burguês. É um aristocrata que assiste ao declínio progressivo da sua classe. Ele sabe que os privilégios estão em vias de desaparecer. [...] O sadismo é uma teoria da relação entre os homens: o que Sade procura é a comunicação. Mas para exprimir o seu pensamento sobre isto, deverá utilizar a linguagem que lhe é dada. [...] Sade é obrigado a passar pela idéia de natureza. Ele construirá, por conseguinte, uma teoria da natureza semelhante à do burguês, só com uma diferença: em vez de ser boa, a natureza é má, quer a morte do homem. [...] A "natureza" furta a Sade o sentido do seu pensamento, mas Sade, em contrapartida, furta o sentido da natureza.*
>
> SARTRE. *Entrevista para* L'Arc. [1]

[1] SARTRE, J-P. *Entrevista para* L'Arc. p. 130-131.

Em qualquer que seja a época, um pensador tenderá a definir os elementos constitutivos de seu discurso a partir de relações que já estejam estabelecidas na cultura em que esse pensador vive. Um pensamento será revolucionário (rompendo o caminho e a andadura "normais" daquela cultura), nessa perspectiva, apenas se criar novos e diferentes elementos discursivos, a partir da deformação dos elementos já comuns ou, ao menos, se criar novas relações possíveis para os elementos disponíveis. Sade fez isso em literatura; Marx o fez em política e nas ciências, bem como Freud, também nas ciências. Nietzsche o fez na Filosofia. Mas Freire teria feito isso, ele que se tornou tão festejado e aceito... ele, que não ofende ninguém? Ciumento, Sartre criticou a comemoração em torno da obra de Foucault nessa mesma entrevista... seria assim o nosso caso com Freire ou ele é, sim, tão comemorado por ser tão bem esperado?

Que relação entre a análise da cultura antiga, helênica/helenística, e a análise da cultura européia moderna, em Nietzsche? Ora, uma pode nos ajudar a explicar algumas condições da outra; atrás disso é que fomos. Que relação, pois, entre a crítica nietzscheana à *modernidade* e uma outra crítica a Paulo Freire? Essa passagem, através da crítica ao legado acadêmico hegeliano, é o nosso presente intento.

* * *

Paulo Freire foi um pensador que partiu da sua reflexão sobre os problemas práticos do ensino (de onde vem o tal "Método Paulo Freire"), para chegar a algumas questões de "fundo" da educação e, como é praxe desde o Iluminismo e o Romantismo, encontrar um fundamento deontológico humanista para educação na *Filosofia.* Sua "Filosofia da Educação" reflete seu duplo anseio de ordenação e transformação: de ordenar a transformação do mundo em conformidade com um ideal abstrato e moralista – o humanismo existencial, de início, e sendo mantido; depois principalmente o humanismo "marxista" – e de transformar o mundo ordenadamente: esse é o mesmo substrato intelectual que impulsionou a Teologia da Libertação.

Por isso, vemos o pensamento freireano como um moderno ídolo híbrido, mal colado, um "santo" de barro que talvez dispensasse o martelo, bastando-nos dar-lhe uns bons chutes. Seus cacos de cristianismo modernizado e existencial pouco nos interessariam: não passam de um amálgama humanista da "dialética" neo*marxiana*, seus resultados conceituais que visamos, na sua reelaboração ético-moralista – em uma típica "brasilidade" como esta, cordialíssima:

> Sendo fundamento do diálogo, o amor é, também, diálogo. Daí que seja essencialmente tarefa de sujeitos e que não possa verificar-se na relação de dominação. Nesta, o

> que há é patologia de amor: *sadismo* em quem domina; *masoquismo* nos dominados. Amor, não. Porque é um ato de coragem, nunca de medo, o amor é compromisso com os homens. Onde quer que estejam estes, oprimidos, o ato de amor está em comprometer-se com sua causa. *A causa de sua libertação.* Mas, este compromisso, porque é amoroso, é dialógico.[2]

Paulo Freire queria uns "avanços" culturais, educacionais e políticos. Mudanças, transformações sociais. Que seja. Mas se subordina esses "avanços" à sua perspectiva moral cristã-católica, definindo os rumos e os termos dos "avanços" de conformidade a uma cripto-teleologia deontológica, isso não pode passar de uma envergonhadíssima súmula metafísica. Assim, quando se aproxima de uma perspectiva que lhe deveria repugnar por negar ao *Deus cristão*, que é o marxismo, o faz pela exigência dos tempos: nas décadas de 1960 e 1970, nas academias do mundo todo (nas quais Paulo Freire era bem-vindo e festejado), a *intelligentsia* "progressista" bem reconhecia do marxismo sua história recente e seu fôlego conceitual. (Se reconhecia a si como alvo futuro ou eventual da Revolução ou se conhecia bem o marxismo, ou se chegava a entendê-lo, isso já é outra história...).

Eram tempos de uma "Guerra (que já era) Fria" amadurecida em "coexistência pacífica", "estados de bem-estar social" (só na Europa), e de imperialismos: imperialismo capitalista norte-americano, social-imperialismo panrusso, e (glória!) imperialismo capitalista das social-democracias européias. Nisso, algo como um Joseph Stálin era ora semi-esquecido pelo eurocomunismo, ora era semi-reabilitado pelo castrismo; algo

---

[2] FREIRE, P. *Pedagogia do oprimido.* p. 80, *grifos nossos.* Teriamos, então, *por amor, de obrigar* todos os masoquistas *à liberdade*? Mas quão "sádico"seria isso! E tão paranóico, também... Mas não erótico, e sim mórbido. "Amor puro", assexuado, é tudo o que podem sentir esses totalitários impotentes, sectários do humanismo cristão.

como um Mao Tsé-Tung[3] era louvado como o Pai de uma "nova democracia". (Por falar nisso, na "América", tal período se inicia quase com um Democrata no poder (Kennedy) e se encerra com outro Democrata (Carter), com alguns Republicanos pelo meio.) Da Rússia, partia um Anti-stalinismo pró-social-democracia... já "esquecido" Joseph Stálin:

> Como parte do processo de desestalinização, sob o comando de Kruchov, [...] o *Parti Communiste Français* (PCF) defendia um retorno ao primeiro Marx, um impulso teórico que estava em acordo com a interpretação existencialista de Hegel e com a redescoberta dos *Manuscritos* de 1844. Jean-Paul Sartre argumentava que o existencialismo era um humanismo, declarando também que o marxismo constituía um horizonte insuperável. O renascimento da filosofia marxista baseava-se em um jovem e hegelianizado Marx que era simultaneamente humanista e historicista.[4]

A obra freireana, desde antes da época dos Democratas, sempre, é um queixume sem-fim, contra a maldade opressora, contra a frieza intelectual de alguns, contra a frieza afetiva de outros. Mas ela própria é uma obra árida e fria. Seus livros são

---

[3] O maoísmo, fora da China (em França, na Alemanha, na América Latina), foi inspirador e estimulante para as lutas populares anticoloniais, bem entendido. Mas, na China, virou-se em mais um totalitarismo em que se viram revisitados os "fundamentos"hegelianos do "marxismo", de modo diverso e com outros resultados que os do eurocomunismo; tanto nocivos (à noção de "Revolução") quanto, porém, um e outro. Mas a China vermelha apagou-se, ainda no século XX e hoje denovo já podemos, por respeito e reconhecimento dizer a meia voz: – Viva! (o camarada Mao).

[4] PETERS, M. *Pós-estruturalismo e filosofia da diferença.* p. 57-58. "Contra" o humanismo da onisciente "diamat" – posto que a ortodoxia "soviética" havia sido "redescoberta" nas academias européias e daí quase decretada em sua universalidade, isto é, como verdadeira expressão do *dever-vir-a-ser*/ humano – já tardiamente, em se velando, portanto, o *cadáver de Stalin*, os insones acadêmicos trataram de condenar o sucessor de Lênin (mas sem abandonar a ortodoxia "soviética").

repetitivos, ele foi como um Chico Xavier dos terreiros acadêmicos. Nessas repetições é que encontramos o "marxismo" de Paulo Freire: uma subespécie de hegelianismo social, influenciado pelo existencialismo filo*marxiano* e pelo eurocomunismo gramsciano: uma leitura, uma interpretação acadêmica, liberal-democrático-libertária e idealista de Karl Marx; uma cerimônia toda em torno da "política revolucionária", e através de um *romantismo* piegas a pretensa *interpretação verdadeira* da Revolução:

> Hoje, sobretudo após as mudanças ocorridas no Leste Europeu, alguns neoliberais, entoam loas ao fim da utopia, sustentados pelo desencanto com os modelos populares e socialistas. Esse pensamento não deixa de ser iníquo, na medida em que menospreza a luta de milhares de homens e mulheres que, animados pela esperança numa humanidade emancipada, durante séculos empenharam suas vidas fundadas (sic) na justiça. [...] Contra essa corrente neoliberal e anti-humanista, Paulo Freire retoma com rigor, [...], a utopia e mostra a trajetória de um punhado de pessoas que não perderam a esperança na construção de uma sociedade com maior liberdade, justiça e eqüidade – não por pura teimosia, mas como um imperativo existencial e histórico do nosso tempo.[5]

Quando Freire se utiliza de uma linguagem "marxista", é para amontoar o seu discurso de pregação: enfeita-se de progressista/*revolucionário* (para enfeiar a idéia de Revolução), mas substituindo o *Poder* pelo "Amor" na determinação das relações sociais ou substituindo a luta social violenta pelo "diálogo amoroso" e determinado por uma "ética universal". É essa "ética humanista" que, a partir do mapeamento do espaço "marxista" dissolvido em que Paulo Freire se esgueira, estamos a denunciar, pela análise de alguns elementos do conjunto discursivo "dialético"/dialógico freireano.

---

[5] GADOTTI, M. *A esperança como imperativo existencial e histórico.* p. 663-664.

Alguma crítica a uma "dialética" acrítica

A "Dialética": uma legislação para a história

Como bom cristão-católico, Paulo Freire só poderia pensar em "avanços", em transformações sociais, numa palavra, em "história", numa perspectiva ordeira: teleológica e moralmente elevada e bem ordenada. Assim como outras pontas do rebanho da Igreja "progressista", aproximou-se também do poderoso pensamento de Karl Marx. Mas como conciliá-lo com sua metafísica cristã-existencial de sempre, senão *domando-o* com a decente "dialética" pura de Hegel?

Para nós todos, ainda apenas modernos, a *dialética* hegelo*marxiana* apresenta-se como uma sistematização completa e racional (e ideal) do mundo real. Pelo alcance de sua extensão e profundidade, oferece um sem-número de dificuldades ao seu entendimento; todas elas, porém, são antecedidas cronologicamente e em importância por uma exigência... "dialética" àqueles que nela entrarem: a exigência de agir no mundo conforme nossa "compreensão" e raciocínio sobre a "realidade" do mundo. Por outro lado, a isso equivale a exigência de que, uma vez compreendidos, os sistemas de um Hegel ou do dito "Jovem Marx" sejam aceitos e aplicados. Quem neles entrasse e os compreendesse tornar-se-ia, necessariamente, "consciente", com alguma variação de um para outro.

Até chegar a cobrar um caráter filosófico-científico até mesmo de suas propostas políticas, ora de manutenção ora de transformação social, para cobrar a positividade e legalidade natural dos seus sistemas e, conseqüentemente, aquele "tornar-se *consciente*", é para uma *práxis humanista* que o pensamento dialético-humanista se constitui.

Pensador dessa *práxis humanista* é um nosso velho conhecido: o *Marx da "juventude"*, um personagem conceitual que mais bem serve àqueles que, sem se reclamarem neo-hegelianos, mas nem de Hegel escapando, como o também "nosso" Paulo Freire, pretendem falar em nome de uma existencial "razão dialética" que governaria o mundo, e nele o *Homem*, não mais como um antigo helenista livre, mas já um moderno neolibertando:

> A libertação, [...], é um parto. [...]. O homem que nasce deste parto é um homem novo que só é viável na e pela superação da contradição opressores-oprimidos, que é a libertação de todos.
>
> A superação da contradição é o parto que traz ao mundo este homem novo não mais opressor; não mais oprimido, mas homem libertando-se.
>
> Esta superação não pode dar-se, porém, em termos *puramente* idealistas (*i. é, idealistas também, além de algo mais? – nota nossa*).[6]

O "Jovem Marx", mais íntimo da Filosofia (modernamente) Tradicional que o *bom e velho Marx* tardio das obras científicas, políticas e econômicas, não passaria de mais uma invenção, ora da ortodoxia "marxista", ora dos revisionismos neo*marxianos*. Um personagem conceitual, do humanismo para o seu grande público. Mas essa pantomima serve também para uma demarcação teórica no campo conceitual do humanismo, e que nos permite acompanhar o presumido caminho *marxista* da crítica do hegelianismo à proposição da "práxis", caminho que foi repisado pelas "ciências humanas" em sua ligeira apropriação da *dialética*, de acordo com as interpretações acadêmicas do "marxismo", feitas de modo a se tentar domesticar o nosso velho amigo Karl Marx.

* * *

Assim é que apresentamos "Marx", mais como ele é descrito em conformidade com o humanismo, do que como nós

---

[6] FREIRE, P. *Pedagogia do oprimido.* p. 35.

próprios o lemos, entendemos e provamos. Não pretendemos, aqui, nem mesmo disputá-lo com o humanismo; e para a crítica deste, queremos crer, já Nietzsche vem bastando. Algo a mais seria apenas uma covardia. Detenhamo-nos, pois, na ficcional e romantizada, folhetinesca, "juventude" desse "Marx".

Para tanto, busquemos pelos textos *marxianos* produzidos até cerca d'*A Ideologia Alemã* de 1845/46, considerada, de uma maneira geral, uma obra já da maturidade ou ao menos de transição para ela, conquanto enfoque ainda apenas mais uma crítica a certas teses filosóficas, o que até então havia constituído o principal tema "marxiano". Essa seria a obra de um *Marx*, o *Marx* do cansado e caduco hegelianismo, ainda que revisado e subvertido, numa radicalização de seus pressupostos e de suas conseqüências, o festejado "Jovem Marx" neo-hegeliano (muito) e *plus*-humanista (também).

Pois é esse *Marx* que agora nos interessa, aquele que os pensadores educacionais brasileiros conhecem e revisitam, e no qual se reconhecem: "uma *leitura pedagógica não-positivista* busca nele (Marx) o educador político de uma classe, quer no rigor de sua linguagem, quer na sua paixão, na sua utopia"[7]. Para os nossos neo*marxianos* coloniais, "Marx" é redescoberto um utópico, e por esta... revalorizado! Sua proposta revolucionária, de destruição violenta da estrutura produtiva e político-cultural vigentes em sociedade (seriamos capazes de "jurar" que vimos isso no fechamento do *Manifesto Comunista*...), é completamente abafada pela balbúrdia do diálogo com a tradição burguesa dominante. E assim Hegel entra em cena, de contrabando, atuando no papel de "Marx", com sua fala sobre a "lógica" do Senhor/escravo – Opressor/oprimido, pela qual a idéia vaga e abstrata de "oprimidos" substitui a de uma classe determinada por suas funções sociais nos sistemas de produção e consumo.

---

[7] GADOTTI, M. *Pensamento pedagógico brasileiro*. p. 122.

Essa absurda e lamentável confusão entre Marx e Hegel, porém, tem fundamento histórico. Mas seu estabelecimento corresponde, antes, a uma *má*-vontade "interpretativa" daqueles que, presos moralmente a idéias socializantes inconseqüentes, sem estofo, abusam da linguagem em seus discursos autojustificatórios e fazem uma pseudo-historiografia para atender às suas demandas éticas e metafísicas: é assim no caso das lendas em torno ao "Jovem Marx".

* * *

Cabe observar que as investidas do "Jovem Marx" contra o conhecimento teórico, mote inicial da problemática que dará identidade ao pensamento marxiano e a este um lugar na *História da Filosofia*, têm, desde sempre, um objetivo determinado, que é o idealismo hegeliano. Como nos é sabido, Karl Marx teve uma formação acadêmica e política dentro do ambiente intelectual dominante na Alemanha de sua época, que era o da *escola hegeliana*. Ele próprio freqüentou os círculos dos "jovens hegelianos" ou "hegelianos de esquerda" (Ruge, *Feuerbach*, o marginal Max Stirner, *Strauss*, os Bauer) enquanto estudante e até depois; foi nesses círculos mesmo que veio a conhecer seu grande amigo e colaborador, F. Engels.

Nada mais normal, pois, partirem suas reflexões do arcabouço conceitual recebido do hegelianismo, mesmo porque esse sistema reclamava dos seus conterrâneos uma atitude intelectual de interpretação e realização da história, idéia esta tão cara às ambições romântico-políticas daquele "Jovem Marx". E isso tudo no bojo de um sistema teórico ideal e totalizante que, adotado com adaptações ou reservas (ou até mesmo em inverções) entre bem diversos *mestres* modernos, de *Stirner* a Crocce ou de Proudhon a Marcuse, *Sartre* ou Habermas, tornou-se, enfim, o referencial temático mais em voga àquela época na intelectualidade e na juventude acadêmica alemãs. Podia-se, então, ser mais ou menos hegeliano, de "esquerda" e liberal ou de "direita" e conservador, ou até mesmo anti-hegeliano – ainda assim, Hegel se fazia presente em pensamento.

O idealismo hegeliano arvorava-se como o coroamento, por direito, de toda a história do pensamento e do conhecimento teórico, uma sistematização total que impressiona e envolve, e que se propõe, finalmente, como o ideal temporal da *Razão*. Aliado isso ao fato de sua proeminência no cenário intelectual da Europa da primeira metade do século XIX, comum tornou-se, então, identificar a *escola hegeliana* como a grande Escola teórica por excelência.

Tal identificação, podemos encontrá-la implícita no *Marx da "juventude"*, quando se refere à interpretação dada, em geral, pelos intelectuais de sua época, à situação cultural e social da Alemanha. Tratar-se-ia de uma má interpretação adotada "pela facção que se originou na filosofia"[8]. É essa facção o "hegelianismo de esquerda", o qual Karl Marx trataria como limite histórico e final das especulações teóricas idealistas. Sendo ainda hegeliana, a sua "esquerda" se propunha crítica, mas no sentido de fazer excluir do sistema em que tinha origem aquilo que, no entender de Marx, tinha de conservador – mantinha-se, assim, no nível da teoria; limitava-se a ela, como sistema a ser reformulado. Eis, então, o que Marx justamente almejava com a sua crítica intentada profunda, vale dizer, que atingisse a própria ordem teórica, percebida esta como uma árida abstração, agora negada: "contrariamente à filosofia alemã, que desce do céu para a terra, aqui parte-se da terra para atingir o céu"[9]. (Mas... ainda agora, uma "jovial" ambição *celestial*; longe estava o "Jovem Marx" da revolucionária ambição do "assalto aos céus".)

Diante desse primeiro passo da obra marxiana, podemos adotar duas atitudes. A primeira, que se tornou a "queridinha" da Academia e dela para a política "séria" e "responsável" – finalmente (em 2002/3) vitoriosa (e continuista...) no Brasil, fez na festejante politicagem deste nosso pobre país – faz profissão de fé para com a "juventude" de Marx; são as (re)visões humanistas do marxismo (além da "gramsciana", a "existencialista" e

---

[8] MARX, K. *Contribuição à crítica da filosofia do direito de Hegel*. p. 85.

[9] MARX, K.; (e ENGELS, F.) *A ideologia alemã*. p. 26.

a "frankfurtiana", entre outras), que confundem Marx com Hegel até tê-lo dissolvido neste. A segunda, marginal na Academia como nos movimentos políticos oficialescos, reconhece em Marx seus esforços e os resultados no afastamento de sua obra da de Hegel, afastamento recorrente/progressivo e difícil mas definitivo, quando enfim seu pensamento assume e defende uma concepção materialista da *natureza* e da *história*, e se aproxima das ciências sociais – principalmente da Economia, desde sua profícua súcia com F. Engels e o *Manifesto Comunista*.

Dessas duas atitudes de pensamento, a de Paulo Freire é a primeira. Hegel e Marx se confundem na obra freireana; ou não soube ou não quer separá-los. Melhor seria se renunciasse a Marx; já que não consegue escapar do hegelianismo, como aliás tantos outros humanistas, não percebe como Marx mesmo o faz, pagando o devido pedágio. Paulo Freire teria a percepção disso? Pouco importa. Se quisesse, e não o quis, poderia tê-lo percebido. Logo, em não querendo, não podia. "Mas escapar realmente de Hegel supõe apreciar exatamente o quanto custa separar-se dele; supõe saber até onde Hegel, insidiosamente, talvez, aproximou-se de nós; supõe saber, naquilo que nos permite pensar contra Hegel, o que ainda é hegeliano; e medir em que nosso recurso contra ele é ainda, talvez, um ardil ele nos opõe, ao termo do qual nos espera, imóvel e em outro lugar."[10]

Nem ao menos, pois, censuramos Paulo Freire ou os "marxistas humanistas" pelo seu hegelianismo. Teriam de ser grandes como Karl Marx para se oporem a ele. Quanto a Paulo Freire, nada mais do que a adoção do historicismo acadêmico, hegelo*marxiano*, colado a uma preservação artificiosa do livre-arbítrio existencial que o torna mais palatável aos pós-românticos/neo-iluministas das "Humanidades". Muito mais do que ecletismo típico: de fato, um sincretismo capaz de fazer uma nova Igreja a partir de seitas as mais contraditórias:

---

[10] FOUCAULT, M. *A ordem do discurso*. p. 72-73.

> Não sendo um *a priori* da história a *natureza humana*, que nela se vem constituindo, tem, na *vocação* referida, uma de suas conotações. É por isso que o opressor se desumaniza ao desumanizar o oprimido, não importa que coma bem, que vista bem, que durma bem. Não seria possível desumanizar sem desumanizar-se tal a radicalidade social da *vocação*. Não sou se você não é, não sou, sobretudo, se proíbo você de ser. É por isso que, como indivíduo e como classe, o opressor não liberta nem se liberta. É por isso que libertando-se, na e pela luta necessária e justa, o oprimido, como indivíduo e como classe, liberta o opressor, pelo fato simplesmente de proibi-lo de continuar oprimindo. Libertação e opressão, porém, não se acham inscritas, uma e outra, na história, como algo inexorável. Da mesma forma a *natureza humana*, gerando-se na história, não tem inscrita nela o *ser mais*, a *humanização*, a não ser como *vocação* de que o seu contrário é *distorção* na história. [11]

"Amém"... depois disso, é tudo o que nos resta a dizer.

* * *

O próprio Marx, todavia, e mesmo em sua "juventude", já anuncia algumas diferenças suas em relação a Hegel. O nosso problema dele é que, ao fazê-lo desde um campo referencial hegeliano, que era o seu e o de toda a "esquerda" jovem alemã, Marx ainda fica algo preso nas tramas do agigantado sistema filosófico idealista-romântico. Nas suas obras de "juventude", em especial as escritas em Paris para os *Anais Franco-Alemães* e em seus "*Manuscritos*", Marx se ocupa aberta e claramente da crítica ao sistema de Hegel, que pretendia abordar pormenorizadamente, dada a importância que, para Marx, essa teoria havia atingido num duplo aspecto:

[11] FREIRE, P. *Pedagogia da esperança*. p. 99-100.

> 1) pelo suporte que dava às opiniões da "direita hegeliana", conservadora, devido sua interpretação idealista da cultura e da sociedade; mas também às propostas políticas da "esquerda" liberal e radical, que acabava (para Marx) se limitando na crítica ao conservadorismo da escola hegeliana, sem romper efetiva e definitivamente com o que haveria de lastimável em Hegel – ou seja, o que também definia-lhe o pensamento, e que era a sua visão idealista de mundo;
>
> [... e também...]
>
> 2) pelas possibilidades oferecidas com tal rompimento, isto é, o pagamento do resgate, àquela teoria abstrata e metafísica, por um método, o qual tornar-se-ia necessariamente um instrumento imprescindível e definitivo à crítica gnoseológica e política intentada por Marx – o "método dialético" de pensamento que precisaria, antes de se tornar o ferramental de todo o pensamento, de desligar-se íntegro e incólume do idealismo hegeliano.

No entanto, para Hegel, assim como para o "Jovem Marx", a *dialética* seria a norma geral dos fenômenos e dos fatos ideais e mundanos, e, ao mesmo tempo, um método que permitiria ao intelecto a compreensão da realidade como um processo (do qual ela, a *dialética*, é já a norma). Acima de tudo, uma "... lei universal da realidade, que se desenvolve sempre conforme o passo da negação da negação" [12].

Nesse processo sintetizador, as noções e os conceitos sobre a realidade, e mesmo a própria realidade objetiva, originar-se-iam num encadeamento de negações (ou contradições), umas das outras e na formação de conjuntos completos de fenômenos, cada vez mais amplos, até atingir a totalidade (ideal ou real), findo ou completado o seu desenvolvimento.

---

[12] MONDOLFO, R. *Marx y marxismo.* Tradução livre do castelhano. p. 195.

Em conseqüência, através desse "método dialético", o pensamento poderia apreender:

> 1) as idéias em contradição, não em suas diferenças limitadas e limitantes, mas, sim, nas suas inter-relações mútuas, determinadas e sistemáticas;
>
> 2) o processo mesmo de síntese entre as idéias em sua renovação sintética permanente; e...
>
> 3) o verdadeiro conhecimento possível, proveniente dessa compreensão, capaz de dar a conhecer a realidade total, no que ela não apenas abrange e aceita, mas que se forma das contradições que lhe são inerentes, e assume-as, e reivindica-as.

Paulo Freire franqueia essa posição, considerando-a a posição de onde se deve olhar e compreender o conhecimento e a educação:

> Na verdade, só numa perspectiva dialética podemos entender o papel da consciência na história desvencilhada de qualquer distorção que ora exacerba sua importância, ora a anula ou a nega.
>
> Nesse sentido, a visão dialética nos indica a necessidade de recusar, como falsa, por exemplo, a compreensão da consciência como puro *reflexo* da objetividade material, mas, ao mesmo tempo, a necessidade de rejeitar também o entendimento da consciência que lhe confere um poder determinante sobre a realidade concreta.[13]

***

Esgotado o hegelianismo enquanto Escola, pelo meio do século XIX em diante, o "pensamento dialético" manteve-se politicamente em voga através de alguns *marxismos*; nas academias, principalmente nas *ciências humanas*, num historicismo que era

[13] FREIRE, P. *Pedagogia da esperança.* p. 101.

mesclado pela idéia iluminista-positiva de *Progresso* e pela idéia romântica da história como o caminho do despertar da consciência.

Nosso amigo Nietzsche não chegou a se referir diretamente ao hegelianismo com muita freqüência, e às doutrinas "marxistas" conhecidas apenas indiretamente. Mas sua obra pode ser considerada como a mais agressiva crítica que a "dialética" já recebeu:

> A intenção fundamental de Deleuze em *Nietzsche e a filosofia* é mostrar que não há compromisso possível entre Hegel e Nietzsche. Ao contrário, o pensamento de Nietzsche seria a denúncia de três idéias que, [...], definem a dialética: 1) a atribuição de um poder do negativo como princípio teórico que se manifesta na oposição e na contradição; 2) a instauração da dor e do sofrimento como princípio prático; 3) a suposição de que a positividade é resultado teórico e prático da própria negação [...]. Para Nietzsche, haveria um pluralismo de sentidos essencial aos acontecimentos, que só podem ser interpretados por um pensamento cujo sentido é múltiplo. A história de uma coisa é a sucessão das forças que a dominam, gerando-se uma diversidade de sentidos: ora este aqui, ora aquele aqui e aquele agora.[14]

O *historicismo dialético* primaria por relacionar e identificar pretensas leis da *Razão* com supostas leis da história. Com isso, reservava um primeiríssimo plano para a atuação do *Homem* na *História*. Este, a *bem* da *verdade*, seria mesmo a *razão de ser* da história. Se a idéia positivista de *Progresso* já havia sido lamentável, desenvolvida num historicismo dialetizado tornar-se-ia uma doença para toda a "*raça humana*".

Apontemos ainda, além de Nietzsche mas a partir dele, como para Deleuze essa "dialética" hegelo*marxiana* poderia ser considerada apenas como um niilismo historicista; pois se as "leis históricas"

[14] OLIVEIRA, R. *Para além da dialética*: o anti-hegelianismo de Nietzsche e Deleuze. p. 96-97.

fossem "hegelianas" em sua redação, nossas sociedades desapareceriam no tempo, reduzidas justificadamente a nada:

> Os pontos principais da crítica deleuziana são: 1. Hegel é um filósofo da representação empenhado em subordinar as diferenças ao idêntico. A técnica hegeliana consistiria em transformar a diferença em contradição e resolvida, reduzi-la à identidade do nada; é a técnica da representação infinita, ou representação órgica; 2. A dialética seria um movimento falso e abstrato porque lida com mediações, seria também uma apologia da escravidão e do "ressentimento". O verdadeiro movimento seria baseado na imediatidade da diferença, ao passo que a verdadeira liberdade só seria possível no formigamento de diferenças desconectadas ao idêntico. Só um empirismo superior será capaz de apreender esse movimento respeitando-se essa liberdade. 3. Hegel é a consciência infeliz, ou seja, seu pensamento é marcado pela dor e o sofrimento em contraste com a alegria trágica do Dioniso. 4. O pensamento hegeliano é a expressão de um conformismo, pois depende e defende os valores estabelecidos. 5. A dialética seria niilista, pois seu valor mais alto é a negação: seu motor é o negativo e seu produto é o nada. [15]

Conseqüentemente, haveria que se considerar agora com Deleuze a possibilidade e a necessidade conceituais em se negar a *dialética hegeliana*, para daí se afirmar a mundana multiplicidade nas diferenças, estas, sim, uma proposição de valorização da mudança permanente pela aceitação dos antagonismos, da luta (e da dor correspondente, diria Nietzsche). Nada mais, pois, de *reconhecer-se no outro*, pela sua negação por/para uma síntese; não mais o reclame de uma identidade subjetiva provisória, a completar-se numa identificação absoluta no tempo.

Por outra, a afirmação da singularização pela diferenciação, pela posição ocupada no mundo e em relação aos homens

[15] OLIVEIRA, R. *Para além da dialética*: o anti-hegelianismo de Nietzsche e Deleuze. p. 102.

e suas instituições, e pelo posicionamento assumido e realizado, tanto em termos de pensamento quanto, principalmente, da prática social. A ontologia do Ser em si/para si, e a subjetividade do eu/outro, esses hegelianíssimos recursos metafísicos para a submissão da natureza e da ação, mostram seu potencial restritivo: de uma negação que é apenas reatividade e niilismo.

A "Crítica" da alienação

A "negação/conservação" do sistema teórico hegeliano, em função da *recusa* moralista de suas possíveis conseqüências políticas e metafísicas, e do *resgate* que uma visão iluminista/romântica de homem e de mundo pagou pelo "método dialético", por um lado, e a identificação que o "Jovem Marx" fazia entre o idealismo hegeliano e a vocação racional e especulativa da reflexão e do conhecimento *teoréticos* em geral, por outro, levariam-no, afinal, a um ataque direto ao conhecimento teórico mesmo, ainda que incompleto, por então. Podemos perceber como Marx se prepara cuidadosamente para um salto desses quando, em relação à escola hegeliana, e em especial à sua vertente de "esquerda" ou (sim, para nosso Marx!) pseudocrítica, ressalva que:

> Esta facção via *apenas o combate crítico da filosofia contra o mundo alemão.* Não considerava que também a anterior filosofia pertence a este mundo e constitui o seu complemento, embora seja apenas um complemento ideal. Crítica no que respeita à sua contraparte, não é crítica em relação a si própria. Tomou como ponto de partida os *pressupostos* da filosofia. [16]

Já os pressupostos propugnados por esse "Jovem Marx", para sustentar a *sua crítica*, são outros, algo distintos; dizem respeito à crítica da teoria enquanto produção do pensamento que se separa do *Homem* e da vida mundana. Entretanto, ao proceder a

---

[16] MARX, K. *Contribuição à crítica da filosofia do direito de Hegel.* p. 85.

essa negação do conhecimento teórico, teve o "Jovem Marx" de inscrevê-lo ainda como mais uma das variadas formas de alienação do *Homem*, vale dizer, de reportar-se uma vez mais àquele referencial teórico hegeliano de que pretendia desfazer-se.

O sentido adotado pelo "Jovem Marx" para o que ele entendia (hegelianamente) como alienação, ou seja, para a situação histórica e social do "homem moderno", iria ao encontro de uma desumanização devida à ação que permitisse a sobrevivência dos homens e de sua prole. Essa condição genérica de humanidade – a qual seria dada por perdida – em seus aspectos de fundo pode ser distinguida numa comparação das condições *humana* e *animal*, quando afirma que:

> O animal identifica-se imediatamente com a sua atividade vital. Não se distingue dela. É a *sua própria atividade*. Mas o homem faz da atividade vital o objeto da vontade e da consciência. Possui uma atividade vital consciente. Ela não é uma determinação com a qual ele imediatamente coincide. A atividade vital consciente distingue o homem da atividade vital dos animais. Só por esta razão ele é um ser genérico.[17]

O homem-sujeito da atividade se alienaria na e pela atividade social de manutenção da vida, isso porque essa atividade se dá de acordo com uma sociedade dividida, onde a produção se apresenta como a principal determinante de suas relações de *Poder*, *razão pela qual* as relações imediatas do *Homem* na reprodução social passam a ser entendidas como uma coisa à parte do fato de que todo o seu produto o será pela sua atividade e, assim, produto humano. O produto-objeto tornar-se-ia alheio, existindo aparentemente independente daquele sujeito-produtor, malgrado todo o processo que lhe deu origem.

Devemos ainda observar que, em função desses condicionantes, também o conhecimento teórico estaria caracterizado

---

[17] MARX, K. *Manuscritos econômico-filosóficos*. p. 165.

como um produto das alienações: um "falso mundo". Pois se entendemos alienação como o estranhamento e apartação do *Homem* daquilo que é o produto da atividade humana, a teoria como era entendida pelo *Marx da "juventude"* (como um exercício intelectual de especulação abstrata incompetente, senão inútil, em ocupar um papel na produção social, no que de fato importasse ao *Homem*, agradando-o), estaria de imediato inclusa: eis a *epigênese* provável do "humanismo dialético" *marxiano* (donde a *ética práxica* freireana para a educação, a síntese subjetiva entre teoria e prática, e nessa ordem de importância; é um triste fato, mas também corrigível). Se há aqui uma *crítica real* ao abstracionismo do conhecimento teórico e uma defesa moral e retórica da ação e da prática, há também a presença e a manifestação de uma perspectiva metafísica, através da permanência de uma valoração ontológica da *humanidade* e da humanização do *pensamento... humano*.

* * *

A alienação, em todas as suas formas, produziria uma falseação do mundo, e a teoria filosófica seria um desses mundos falseados e vazios, como seriam o direito, a democracia política e a religião. A concepção desse "falso mundo", que o "Jovem Marx" chegou a chamar de *ideologia*, seria uma ocultação da estrutura fundamental, porém velada, do conhecimento do mundo social (mas até, também, do natural) em que vivemos: "Ideologia denotava idéias e teorias que são socialmente determinadas pelas relações de dominação entre as classes e que determinam tais relações, dando-lhes uma falsa consciência."[18]

Como ideológica que fosse, a teoria desviaria a atenção do pensamento daquilo que há de essencial na vida social humana, que são as atividades produtivas que a sustêm, encarando-as não como o fator *per si* de humanização, mas superficialmente, dando-lhes a aparência do que de fato não seriam: produto (sendo, ao invés, a origem) dos valores morais e dos raciocínios

[18] STOPPINO, G. *Ideologia*. p. 585.

formais, vale dizer, dos ideais do *Homem* em sociedade. Volteios a parte, recaímos, outra vez, em humanismo.

* * *

Vemos aqui, entretanto, uma aparente contradição: se aquilo que faz o *Homem*, sua produção prática e teórica, em seu desenvolvimento posterior acaba por desumanizá-lo, não se poderia sustentar a validade de qualquer forma de conhecimento teórico; ou seja, o conhecimento empírico/positivo do mundo estaria inalcançável ao *Homem*. A solução para esse problema, este Karl Marx – ainda hegeliano e depois mais hegelianizado – encontraria na eliminação da dicotomia entre a prática e a teoria, a própria eliminação da alienação do conhecimento enquanto produção de uma *atividade humana consciente*.

Dessa maneira, absorvendo da *modernidade humanista* a crença iluminista na teorização do humano e numa educação dos homens para o *dever-vir-a-ser/ humano*, passa-se, no "marxismo" humanista do "Jovem Marx", para uma ética romântica da salvação humana por uma teoria humanizada pela "prática humana". É nessa passagem cruzada que Paulo Freire tangencialmente se aproxima do "marxismo", para logo deixar carregar-se no vetor divergente e tentar levá-lo, o "marxismo", a exemplo da Teologia da Libertação, aos bons modos e costumes da tradição, *devolvendo* à "revolução" uma utópica bondade.

[Isso em muito se assemelha ao modernismo cultural europeu da década de 1920, em especial o italiano. Aquele tinha também suas aspirações sociais, seu reconhecimento dos movimentos intelectuais modernos mais recentes tanto iluminista quanto romântico, mas um arraigado apego à tradição cristã-católica. Seu resultado, o apoio no desenvolvimento do *fascismo burguês*, foi uma transparente comprovação do caráter profundamente reacionário desse movimento cultural.

[Casos outros como o da obra de Paulo Freire são bem mais opacos, brumosos. O personalismo de um E. Mounier não surgiu em ou com "Vichy". Mas todos guardam a mesma fascinação melancólica e decadente pelo Medievo. O pensamento socializante conservador oscila, de acordo com a moda de época, do corporativismo burguês a um "reformismo agrário" neofeudal desses *nossos respeitadíssimos* católicos progressistas latino-americanos.]

Ao invés de afirmar as diferenças daqueles sujeitados à exploração – num complexo de sistemas econômico/político/cultural, considerando concretamente a diferenciação/contrariedade ("oprimido" X "opressor"), assumindo o primeiro e reconhecendo o segundo para negá-lo em termos práticos – o pensamento freireano apalpa e toma, também, um pouco daquele "marxismo" do "Jovem Marx" e abusa dessa juventude. A isso corresponde a "maneira como (a *pedagogia* de Paulo Freire) lhe fornece (ao educador e ao educando) o suporte e os instrumentos necessários para promover um diálogo *crítico* (!?!), *entre os próprios oprimidos*, referente às suas relações *com a sociedade mais ampla.*"[19]

Temos nisso, ainda e sempre, um arremedo de hegelianismo. Afastando-se de Hegel já n'*A Ideologia Alemã*, foi com algumas premissas *científicas* bastante radicais – às quais o humanismo não poderia atender –, aquelas as de que Karl Marx lançaria mão, definitivamente, para sustentar o seu sistema de argumentos. "Estas premissas são os homens, não isolados nem fixos de uma qualquer forma imaginária, mas apreendidos no seu processo de desenvolvimento real em condições determinadas, desenvolvimento este que é visível empiricamente."[20]

Numa perspectiva marxista radicalizada e livre, pois, do idealismo humanista, a "dialética" de Paulo Freire não encontraria lugar. Já para o pensamento nietzscheano – lembremos o óbvio – essa idéia freireana soaria como um acinte à inteligência.

---

[19] GIROUX, H. *Pedagogia radical.* p. 82, *grifos e provocação (!?!) nossos.*

[20] MARX, K.; (e ENGELS, F.) *A ideologia alemã.* p. 26.

Para Nietzsche, os homens, que são parte do mundo natural/social e apenas deste, conhecem-no quando e enquanto vivem sua *vontade de potência*, de adaptar-se para sobreviver, moldando o mundo "à sua imagem e semelhança", fazendo política e cultura – o que é uma extensão da natureza. É assim que os homens experienciam o mundo, pela sua vida nele, que aprendem, e aprendem nas situações práticas em que se encontram: aprendem para vencer seus opositores, desde suas condições específicas, nelas e para elas. Logo, ou na condição de "oprimidos", ou na condição de "opressores", e nunca como *Homem* universal; conforme queremos (com Nietzsche) demonstrar – C Q *(N)* D.

O "Opressor/oprimido": *a síntese sincrética*

A *Práxis*, "união" da teoria e da ação

Uma noção fundamental para se entender os primeiros esforços da crítica marxiana à teorização do idealismo alemão e, por extensão, a todas as teorias metafísico-idealistas, é a de uma atividade produtiva social, criativa e intelectiva: a "práxis marxiana", nomeação que damos, em *Filosofia*, ao conjunto de conceitos e formulações do "Jovem Marx" sobre a relação teoria/prática. Para alguns efeitos, "a atividade produtiva é uma práxis que, por um lado, cria um mundo de objetos humanos ou humanizados, mas, ao mesmo tempo, produz um mundo de objetos nos quais o homem não se reconhece e que inclusive se voltam contra ele"[21].

Por outro lado, é também pela *práxis*, tornada consciência histórica e social, que o reconhecimento dos objetos-produto da atividade humana se procederia, deixando-se de entendê-los apenas pelo ângulo da teoria. Mas não devemos perder de vista que a teoria, para esse Karl "Jovem" Marx, não passa de mais um dos diversos produtos da atividade humana socializante, ou ainda,

[21] VÁZQUEZ, A. *Filosofia da práxis*. p. 136.

socialmente necessária, apesar de, como um produto do pensamento, seja de elaboração distinguida e sofisticada. Mas ainda assim, sempre reflexão das ações necessárias à vida humana.

São, porém, esses reflexos que paradoxalmente formariam o fator humanizante da atividade produtiva, pois se "o animal é comandado por seus instintos...; seus movimentos são..., os movimentos da espécie. O ser humano adquire uma relativa autonomia no que faz, passa a fazer escolhas, a tomar iniciativas e assumir riscos"[22]. Essa idéia orienta a "crítica marxiana" à *Filosofia* como "falso mundo", ocultação intelectiva da estrutura profunda da realidade objetiva do mundo, ocultação, aliás, teorética e tendencialmente idealizante. Dito isso de outra maneira, num complemento, podemos observar que "pelo trabalho, o sujeito humano se contrapõe ao objeto e se afirma como sujeito num movimento realizado para dominar a realidade objetiva: modifica o mundo e se modifica a si mesmo. Produz objetos e, paralelamente, altera sua própria maneira de estar na realidade objetiva e percebê-la"[23].

***

Temos aqui tanto as bases da "práxis marxiana" quanto uma pronta explicação (e fundamentação) do "Jovem Marx" para a alienação pela atividade produtiva. Dessas bases, Paulo Freire intentou reconstruir sua proposta de *educação desalienante*, educação como união moralizante da ação e do pensamento, de uma *ética práxica* pedagógica.

[Mas sendo assim, a ação humana, e em especial as relações no trabalho de produção dos bens necessários ao consumo social, passam a ser percebidas e valorizadas a partir do seu resultado, do seu produto, quando se entende (e temos isso em Karl Marx) a *sociedade* e a *história* como reflexos complexos, determinações

---

[22] KONDER, L. *O futuro da filosofia da práxis*. p. 104.

[23] Idem, p. 105.

das bases ou sistemas econômicos de trabalho e produção, mediatizadas e intermediadas por outros fatores, e de toda ordem – moral, psicológica, estética, sexual, etc. –; o pensamento dos homens, nessa perspectiva materialista, nada manteria da tal "consciência universal", correspondendo às suas condições concretas; as de classe, principalmente. (É nessa altura que o humanismo *marxiano* precisa se cercar de brumas e gelo, e solta seu *Homem* abominável...)]

A noção *dialética* de *práxis* em geral, e da "práxis marxiana" humanista em particular, não pode, todavia, ser confundida com o que fosse simplesmente a ação prática pensada. As "atividades práxicas" ou, dizendo melhor, *práxis* apenas, vão assumir para o "Jovem Marx" um sentido especialmente político e de implicações e intervenção social, e para Paulo Freire um sentido educacional especialíssimo.

Isso significa que a referência práxica é a da *ação transformadora*, mas não espontânea, impensada ou ignorante da realidade social, do "mundo humano". Nesse aspecto, a *práxis* envolveria e redirecionaria a superável (e, mesmo para o "Jovem Marx", conservadora) noção de teoria. E dela, então, estaria se distinguindo. Nisso, trataria da atividade do *Homem* em sociedade; logo, atividade que não teria um caráter meramente útil e prático, mas também cognitivo, político, deontológico e até mesmo epistemológico. Moralizante, educativo e pedagogizante, certamente, para oprimido e opressor:

> Vale dizer, pois, que (*para os oprimidos,*) reconhecerem-se limitados pela situação concreta de opressão, de que o falso sujeito, o falso 'ser para si', é o opressor, não significa ainda a sua libertação. Como contradição do opressor, que tem neles a sua verdade, como disse Hegel, somente superam a contradição em que se acham quando o reconhecerem-se oprimidos os engaja na luta por libertar-se.

> Não basta saberem-se numa relação dialética com o opressor – seu contrário antagônico – descobrindo, por exemplo, que sem ele o opressor não existiria (Hegel), para estarem de fato libertados. É preciso, [...], que se entreguem à práxis libertadora.
>
> O mesmo se pode dizer ou afirmar com relação ao opressor... [24]

O opressor e o oprimido se reencontram, nessa *ética práxica* freireana. Tornam-se um e um só *Homem*, ao qual falar, com o qual dialogar *em nome do* "*Amor*" (esse já não foi o título de alguma maçante telenovela *chicana*?). É, sem dúvida, uma maneira plausível de interpretar o mundo. De uma maneira sincrética, tipicamente "brasileira", luso-nagô-tupiniquim e *rococó*: puro *brazilian jazz*. Mas está "bem" (!?) acompanhada: essa tendência à assimilação osmótica, num *plus*-ecletismo, ciceroneou desde sempre a "Filosofia" nesse nosso (?!) país.

***

Tenhamos ainda em mente o quão exigente fora a visão do "Jovem Marx" acerca do que chamamos pelo nome de "teoria", de modo que suas interpretações estas se tornassem possíveis. Se, em termos gerais, entendemos por *teoria* todo aquele tipo de discurso produzido pelo intelecto, o qual, não se contentando nem detendo com a descrição (ainda que sistemática) das manifestações factuais e mundanas que se nos apresentam, busca desse conjunto de fatos (seja ele ideal ou real, objetivo ou aparente) uma inteligibilidade e conceituação (definida exaustiva e rigorosamente) das coisas em seu conjunto e em suas relações e processos – com *Marx* esta corrente noção se problematiza.

A concepção marxiana começa originalmente por subordinar o conhecimento teórico às atividades práticas, implicando, antes de mais nada, o volver do pensamento

---

[24] FREIRE, P. *Pedagogia do oprimido.* p. 35-36.

para as metas e as finalidades da ação. "Esta concepção doutrinal encontra-se formulada, desde 1846, nas famosas teses sobre Feuerbach e, particularmente, na (...*famosíssima*!) *tese XI*, na qual se afirma que as filosofias nada mais fizeram do que interpretar o mundo de diferentes maneiras quando o que importa é transformá-lo."[25]

Esse vai ser o corolário da crítica marxiana à teoria ideal/idealizada, defendendo Karl Marx, através dele, que a própria noção de teoria é insuficiente, frente às exigências concretas do mundo real, que permanece alheio ou até refratário a quaisquer especulações abstratas. Nós mesmos temos nisso um total acordo, mas nunca com sua interpretação humanista.

Para o humanismo *marxiano*, se a teoria é, sim, um conhecimento pretensamente abstrato e idealista do mundo, além de um produto do *Homem*, de sua ação prática consciente, sua construção dependeria da proposta anterior ao estabelecimento dessa construção e, desse modo, a noção de teoria apresentaria falhas em si, a ser preenchidas numa superação do conhecimento teórico por uma *práxis*. Logo, se a teoria é, por um lado, efetivo conhecimento do mundo, por outro lado, é também um conhecimento falho, e descartável, mas aguardando o inelutável: ser historicamente descartado e trocado pelo *Homem*, por um outro mais *totalizante*.

Essa foi a idéia primeira da crítica marxiana à teoria filosófica e seria também a origem das noções práxicas que Karl Marx se propunha a elaborar num sistema próprio, sistema que foi edulcorado e travestido pela *intelligentsia* progressista até uma "alienaçãozinha" de Karl Marx em relação a si mesmo: "meu deus! (teria dito um dia ao ler o texto de um 'marxista') não sou *marxista*!" Um tal protesto deve ecoar diante de algo assim: "A realidade social, objetiva, que não existe por acaso, mas como produto da ação dos homens, também não se transforma por acaso. Se os homens são os produtores desta realidade e se, na 'inversão da práxis', se volta sobre eles e os

[25] FREITAS, A. *Práxis*. p. 116, *grifos nossos*.

condiciona, transformar a realidade opressora é tarefa histórica, é tarefa dos homens."[26]

Ou mesmo ainda: "Freire corretamente enfatizou que aquelas experiências históricas e existenciais que são desvalorizadas na vida diária pela cultura dominante devem ser recuperadas a fim de serem validadas e criticamente compreendidas."[27]

Um dever ser, pois; um dever moral, a ser estudado, codificado e ensinado por uma "ética humanista". Seria essa, talvez, a verdadeira função dos professores, em especial os de "Filosofia"? A isso nos quer sujeitar a "má consciência" de Paulo Freire, como o Sócrates que um dia (e sem maiores similitudes!) tiranizou a mocidade grega, com seus mórbidos sermões, os quais a queria carregar de luminosa culpa? E com Paulo Freire, de culpa cristã-católica, tingida do vermelho frio do "marxismo" humanista!

* * *

O entendimento e o sentido que tivemos de *práxis* no "Jovem Marx" foi, pois, o daquela unidade do pensamento e da ação, implicada das relações objetivas e necessárias do *Homem* com a natureza, e que tem origem na antecedência e proeminência da ação consciente, enquanto atividade primordialmente produtiva e humanizante, e mantenedora da vida (e sobrevida) do *Homem* e da *sociedade*. Seu componente crítico, de crítica da teoria abstrata como uma falseação do mundo ainda se mantém: é mesmo original e imediato. "A filosofia de Marx será crítica, pelo fato de que, seguindo o seu pensar, se encontram, no real, os vestígios da alienação. Pode mesmo dizer-se que a alienação é que é, principalmente, o objetivo da crítica, cuja tarefa é exclusivamente a sua redução."[28]

Uma redução que se processaria, porém, pela eliminação da dicotomia entre a prática social e a teoria sobre ela elaborada,

---

[26] FREIRE, P. *Pedagogia do oprimido*. p. 37.

[27] GIROUX, H. *Pedagogia radical*. p. 83.

[28] CALVEZ, J. *O pensamento de Karl Marx*. p. 50.

através da reunião dos homens e de seus produtos; pela humanização, enfim, da atividade econômica de produção social. "Ao fazer-se opressora, a realidade implica a existência dos que oprimem e dos que são oprimidos. Estes, a quem cabe realmente lutar por sua libertação juntamente com os que com eles em verdade se solidarizam, precisam ganhar a consciência crítica da opressão, na práxis desta busca."[29] Essa ética *práxica* seria como uma deontologia totalizande: histórica, política e moral (e cívica) – sabemos de sobra – e muito bem aceita pelo vulgo – sabemos também.

No entanto, consideremos que:

> Talvez toda a raça humana seja apenas uma fase evolutiva de determinada espécie animal de duração limitada: de modo que o homem viria do macaco e tornaria a ser macaco, não existindo ninguém que tivesse interesse em presenciar tal estranho desfecho de comédia. Do mesmo modo que, com o fim da cultura romana e sua mais importante causa, a expansão do cristianismo, prevaleceu no Império romano um enfeamento geral do ser humano, com o fim eventual de toda a cultura terrena poderia haver um enfeamento ainda maior e, afinal, uma animalização do ser humano, a ponto de tornar-se simiesco. – Justamente porque podemos vislumbrar essa perspectiva, estamos talvez em condição de evitar semelhante final para o futuro.[30]

Assim, nesse caso, se concordarmos com Nietzsche (e nós, aqui, *com ele também* temos acordo), por que então defenderíamos a natureza humana como fator de avanço e mudanças? Não seria, antes, o contrário?

[Podemos mesmo dizer que, se tudo se determina pelo processo que objetiva e permite a manutenção da vida e condiciona a reprodução das espécies humanas, quaisquer valores, ainda que gnoseológicos ou éticos ou epistemológicos, entender-se-iam

---

[29] FREIRE, P. *Pedagogia do oprimido.* p. 37-38.

[30] NIETZSCHE, F. *Humano, demasiado humano.* p. 170.

conforme os mecanismos, funções e metas do sistema econômico vigente nesse processo.

[Inclui-se, nesse entendimento, a percepção "materialista-histórica" dos valores de *Verdade*, posto que "a verdade da ação que se realiza seria inerente à ação em si mesma"[31]; vale dizer: em sendo *por princípio* recusada a teorização idealista, nada haveria no pensamento humano que não tivesse sua origem na ação concreta – sequer a veracidade das afirmações dos homens acerca dos (*fenômenos* e dos) fatos – e que retirasse seu sentido apenas de sua relação com a ação prática dos homens.]

De qualquer forma, somente a *práxis*, conforme a leitura humanista de Karl Marx, permitiria superar o distanciamento da teoria e da ação prática, do mundo e do pensamento sobre ele, quando reinsere o conhecimento humano num papel a ser cumprido no fluxo histórico, e reintegra esse conhecimento à sociedade, exigindo e provocando o cumprimento de uma função, a de intervenção e regularização da estrutura social de produção – uma função econômica e política, ou histórica:

> Freire crê que a sensibilidade crítica é uma continuação da sensibilidade histórica. [...] Freire apresenta a história sedimentada que nos constitui, a nós mesmos, como seres históricos e sociais. [...] Na obra de Freire, a história se torna dialética, porque serve para distinguir entre o presente como algo dado e o presente como receptáculo de potencialidades libertadoras. [...] Sua linguagem, suas ações, calor humano e capacidade de visão constituem o reconhecimento e também a crítica de um mundo que vive perigosamente perto da destruição.[32]

O resultado daquela função seria ainda algo mais que simplesmente técnico, pois a atividade prática estaria diretamente

---

[31] CALVEZ, J. *O pensamento de Karl Marx*. p. 12.

[32] GIROUX, H. Cultura, poder y transformación en la obra de Paulo Freire: hacia una política de la educación. In: *Los professores como intelectuales*. p. 170, tradução livre do castelhano.

relacionada à veracidade do pensamento, ainda que este esteja elaborado, sistematicamente, numa teoria. Pois a tal "práxis marxiana" bem nos leva a considerar o pensamento não como uma mera atividade contemplante, afastada da vida social, mas como uma manifestação histórica, capaz de intervir, e intervindo, no próprio processo em que teve origem; conforme o humanismo marxiano, porém, numa intervenção consciente do *Homem*.

O conhecimento, racionalmente ordenado pelo pensamento consciente, dar-se-ia, então, num nível de uma atividade humanizante, do homem-para-si, integral e historicamente auto-reconhecido. Numa interpretação generosa, a consecução daquilo que tantas vezes imputaram a I. Kant, quiçá injustamente, que é a síntese entre a *Razão* e a experiência: quando o sujeito histórico se apercebe de si, do mundo e daquilo que seria o mais importante, do seu dever moral, *Ele* ativamente *realiza* na *história* o que participava, até então, somente da sua constituição ideal: "na medida em que eu entendo a história como possibilidade, reconheço: (1) Que a subjetividade deve desempenhar um importante papel no processo de transformação. (2) Que a subjetividade se torna em algo relevante na medida em que esse papel se percebe como uma tarefa histórica e política necessária."[33]

* * *

Homem, humanidade, humanismo; uma "dialética" como sistema geral da *Filosofia*; uma ética e (numa ordem inversa, dela...) uma moral humanista. Haveria limites para essa revivência moderna da fé metafísica, no *Homem*?

Paulo Freire tinha fé no Bem e no *Homem de bem*: na moralidade humana.

É ou não o discurso de Paulo Freire uma ilustração ótima do pensamento humanista em pedagogia? Bebe nas suas principais

---

[33] FREIRE, P. Introducción del editor. In: GIROUX, H. *Los professores como intelectuales*. p. 30. Tradução livre do castelhano.

vertentes, é esparramado como a visão "dialética" da história e terno também, como manda o *bom-tom acadêmico-educacional* de hoje em dia.

Não foi à toa que o escolhemos para representar o humanismo em educação. Cremos mesmo que Paulo Freire fosse um "*bom homem*", mas não guardamos tempo ou lugar para essas considerações pessoais nem para qualquer rancor. Tínhamos de submetê-lo, porém, ou melhor ainda, de submeter aquilo que representa sua "pessoa humana": a uma crítica cruel e às vezes degradante, se quiséssemos sobretudo não ser confundidos.

Se quisermos chegar a falar, nós outros mesmos, de mudanças ou transformações radicais numa *nova educação*, e para a sociedade, a falar de Revolução e das funções dos (anti)professores (que precisamos criar/*transformar*) nisso tudo – teríamos de mostrar as nossas diferenças desses que abusaram de uma "linguagem crítica". Poderíamos sempre criar uma outra linguagem... mas qual! Se já teríamos mesmo de atacar o humanismo e suas "traduções", é apenas um caso simples de *economia doméstica*. E quando o tempo nos foge, quando os nossos adversários já estão há muito adonados do *Poder* da linguagem, até daquela que usamos em nossos próprios discursos, toda e qualquer economiazinha que possamos fazer será deveras importante.

CAPÍTULO QUINTO

A demasia dessa humana educação

A miséria de nossa educação até os nossos dias reside em grande parte no fato de que o Saber não se sublimou para tornar-se Vontade, realização de si, prática pura. [...] A maioria dos futuros mestres é o exemplo vivo dessa triste orientação. Cortaram-lhes magnificamente as asas: agora é sua vez de cortar as dos outros! Foram adestrados, é sua vez de adestrar!

STIRNER. *O falso princípio da nossa educação.*[1]

O povo, neste sistema, será eterno estudante e pupilo. Apesar de sua soberania totalmente fictícia, ele continuará a servir de instrumento a pensamentos e vontades, e conseqüentemente também a interesses que não são os seus. Entre esta situação e o que chamamos de liberdade, [...] há um abismo.

BAKUNIN. *Deus e o Estado.*[2]

O *Homem* (dos homens): substrato e identidade da pessoa humana, do sujeito ético e histórico, e cognitivo: o conhecimento,

[1] STIRNER, M. *O falso princípio da nossa educação.* p. 81. Max Stirner ganhava a vida lecionando numa "escola para moças"! Logo, deveria saber do que falava, quando falava da repressão e da reprodução escolares.

[2] BAKUNIN, M. *Deus e o Estado.* p. 40. Mikhail Bakunin levava a vida de insurreição em insurreição: Logo, algo deverá valer ouvi-lo, de quando falava contra o nosso moderno ensino estatal/obrigatório.

a educação, estas, adivinhem, seriam suas... "atribuições". A educação moderna: uma repetição dessa ladainha humanista, de professor para alunos e destes para seus muitos alunos – depois. No campo pedagógico, mais do que nunca, o humanismo encontrou um caldo onde proliferar sem muitos predadores; mas ouçam: há quem nos chame à caça.

Sintomatologia da *educação humanista*

Nossa moderna educação, a pedagogia ético-humanista freireana costuma entendê-la deontologicamente, como uma relação de ensino/aprendizagem que sirva à autonomia e à emancipação do *ser*/"síntese"/*humano*, através da realização de um ideal de *Liberdade* – que seria também o *dever-vir-a-ser*/*humano* na *História*; paradigmas absolutos para o bem pensar e o bem conhecer. Mas é bem isso, essa "boa ciência" do *Homem*, para o *Homem*, o que mais nos incomoda. Nem a todos, porém; essa "condição humana" para o conhecimento passa mesmo, para o pensamento humanista, por condição primeva de conhecimento:

> É por estarmos sendo este ser em permanente procura, curiosos, "tomando distância" de si mesmo e *da vida* que porta; é por estarmos sendo este ser dado à aventura e à "paixão de conhecer", para o que se faz indispensável a liberdade que, constituindo-se na luta por ela, só é possível porque, "programados", não somos, porém, determinados; é por estarmos sendo assim que vimos nos vocacionando para a *humanização* e que temos, na *desumanização*, fato concreto na história, a *distorção da vocação*. Jamais, porém, outra vocação humana. Nem uma nem outra, humanização e desumanização, são destino certo, dado, sina ou fado. Por isso mesmo é que uma é vocação e outra, distorção da vocação.[3]

---

[3] FREIRE, P. *Pedagogia da esperança*. p. 99.

Não somos todos, tampouco, os que adoram o *Homem*. Sempre alguns outros havemos, suficientes para importunar. Apenas hoje somos menos, certamente. Contra nós outros, a defesa acadêmica do *Homem*, diante dos ataques da crítica, cerrou-se no campo das "ciências humanas", onde a idéia de *Homem* determina, ainda como "razão de ser", os lugares e as vistas do conhecimento produzido e educativo:

> A "antropologização" é hoje em dia, o grande perigo interior do saber. Crê-se facilmente que o homem se libertou de si desde que descobriu que não se encontrava nem no centro da criação, nem no meio do espaço, nem talvez no cimo e no fim derradeiro da vida; mas se o homem já não é o soberano do reino do mundo, se já não reina no seio do ser, então as ciências humanas são perigosos intermediários no espaço do saber.[4]

***

As "Humanidades" a serviço da *Liberdade*! O que seria, porém, uma *Liberdade* humana ideal, senão apenas uma inútil ficção, que nos é incutida como bom conceito e valor verdadeiro, por aquela "educação" fideística, da fé no *Homem*; um querer crer (uma *vontade de acreditar...* já nem sequer *de poder/saber*) na ausência de limites no tempo histórico do *Homem*? Ou, antes, na aceitação de limites específicos de uma *humanidade histórica* como *natureza humana* em evolução (através do *Progresso* "*necessário*"), como o espaço da *Liberdade*? Ou, enfim, a aceitação dele, a fé nele, o amor ao *Homem* dono de si, se não concretamente, na abstração universalista da *moralidade humana*, cavalgadura cultural de uma "ética humanista" semifilosófica? Que dizer disso... Caro e cruel Nietzsche?!?

> Precisamente nisso enxerguei o *grande* perigo para a humanidade, sua mais sublime sedução e tentação – a quê? ao nada? –; precisamente nisso enxerguei o começo do

---

[4] FOUCAULT, M. *As ciências humanas*. p. 50.

> fim, o ponto morto, o cansaço que olha para trás, a vontade que se volta contra a vida, a última doença anunciando-se terna e melancólica: eu compreendi a moral da compaixão, cada vez mais se alastrando, capturando e tornando doentes até mesmo os filósofos, como o mais inquietante sintoma dessa nossa inquietante cultura européia; como o seu caminho sinuoso em direção a um novo budismo? A um budismo europeu? A um – *niilismo*?... Pois essa moderna preferência e superestimação da compaixão por parte dos filósofos é algo novo: justamente sobre o não-valor da compaixão os filósofos estavam até agora de acordo.[5]

* * *

Afinal, o que seria uma "práxis emancipatória" essa pregada pela "pedagogia freireana", senão uma *conscientização* universal de que se poderia (e deveria) ser *crítico/transformador*, isto é, de que os homens seriam *livres-árbitros*, como proprietários de si mesmos e, de alguma maneira, tanto *árbitros* quanto *livres*? É justamente isso que apregoam os semifilosofastros e os pseudofilósofos da "pedagogia freireana": para que a "educação" possa ser "filosófica", o ideal da "educação" emancipatória se repete: através da apologia de uma realidade necessária (pois) ideal de "educação" livre/libertadora, promovem uma versão abstrata e idealizada de *Filosofia* e de *Ciência*, estas também necessária e universalmente libertadoras.

Um abstrato transcendente para além dos contrários ou o conjunto (*dialeticamente*) universal de *ética*/"ciências humanas":

> Numerosas observações particulares sobre o humano e o demasiado humano foram primeiramente descobertas e anunciadas em círculos sociais habituados a oferecer toda espécie de sacrifício não ao conhecimento científico, mas a

[5] NIETZSCHE, F. *Genealogia da moral*. p. 11-12.

> uma espirituosa coqueteria; e o aroma deste velho berço da sentença moral – um aroma muito sedutor – aderiu quase que inseparavelmente a todo o gênero: de modo que por causa dele o homem de ciência manifesta involuntariamente alguma desconfiança face ao gênero e a sua seriedade.[6]

[E o "homem de ciência" ainda resmunga seus queixumes sobre suas dificuldades em compreender-se, pensar-se e explicar-se... ao *Homem*! Mas...]

> O que explica a dificuldade das "ciências humanas", a sua precariedade, a sua incerteza como ciência, a sua perigosa familiaridade com a filosofia, o seu apoio mal definido noutros domínios do saber, o seu caráter sempre secundário e derivado, mas também a sua pretensão ao universal, não é, como muitas vezes se diz, à extrema densidade do objeto delas; não é o estatuto metafísico ou a indestrutível transcendência do homem de que as ciências humanas falam, mas antes a complexidade da configuração epistemológica em que elas se encontram colocadas.[7]

Se não os preconceitos dominantes e sujeitantes da "ética humanista", qual seria então a causa principal desses sintomas: inchaço e flacidez das "ciências humanas", fragilidade teórica da pedagogia, e uma conseqüente educação para a sujeição a... (ou para o diálogo com a – o que não é, mas dá no mesmo) a dominação? São sintomas de decadência, de estagnação e de doença da cultura moderna. Mas não seria esta nossa a primeira sociedade histórica a adoecer, para Nietzsche, e vale lembrar que as outras, bem, essas desapareceram; seria o caso da sociedade moderna, a da cultura ético-humanista?

É o que nos parece, o que sugerimos e o que desejamos ansiosamente.

---

[6] NIETZSCHE, F. *Humano, demasiado humano.* p. 46.

[7] FOUCAULT, M. *As ciências humanas.* p. 50-51.

Exame e diagnóstico do *homem moderno*

O século XIX foi um tempo de *Ciência*; em sua primeira metade, o avanço da industrialização e urbanização européias privilegiou a Química, a Biologia e as medicinas – época em que nasceram e frutificaram as idéias evolucionistas. Já na segunda metade, outras ciências passaram a brilhar mais: sem jamais terem sofrido qualquer desconsideração, desde as "Luzes", nesse período as matemáticas, a Física e as engenharias (bem como a nova "lógica formal") retomam o seu efetivo reconhecimento como paradigmas universais do conhecimento científico, que chegaram a disputar com as ciências biomédicas e a química, sobrepujando-as porém.

***

Seja como for, hoje em dia o *bom* conhecimento deverá atender aos caprichos da racionalidade científica, sendo considerado preferencialmente se experimental, metódico e formal. E, agora, se não for *Ciência*, o conhecimento não valerá; ora, há que se conhecer o *Homem* (agora, o sujeito ativo do conhecimento; tendo perdido a essência, a substância e o fim último do mundo objetivo, não se propôs a achar a famosa *Verdade* nele próprio, através dele, ou ao menos a partir dele?); portanto, haveriam ciências do *Homem*.

Essa foi uma conclusão normal para a *modernidade*: se, de um lado, a *Razão* havia eliminado a metafísica objetivista, de outro, havia elaborado um loteamento filosófico: a *Teoria do Conhecimento*, loteamento pelo qual esta mesma era reduzida às ciências – daí as "Humanidades", ou premissas técnicas dos homens sociais.

O que verdadeiramente nos interessa, porém, não é o modelo físico-matemático imputado às demais ciências tão somente. Se não fosse a Matemática o instrumento, a linguagem e a meta universal do conhecimento (talvez devêssemos dizer "conhecimentos", se bem que hoje em dia, com a "nova" moda dos *holismos* talvez isso fosse apenas desconsiderado), a visão organicista do mundo, o evolucionismo biologicista por si só cumpriria o mandato de qualificador e ordenador moderno das ciências, como uma "Filosofia" positiva contínua?

Quem sabe? O fato é que o biologicismo aceitou sem muitas reservas as prerrogativas da Matemática, em tantos aspectos menos pretensiosa, como paradigma, que o evolucionismo, que freqüentemente fazia reivindicações de mando nos campos moral e metafísico.

O evolucionismo ainda dava margens para um convívio pacífico, senão a tentativas de sincretismo entre a velha metafísica do objeto, clássico-cristã, e a *modernidade* (lembremo-nos até do moderníssimo Teilhard de Chardin!). Podia isso não passar de um flerte inconseqüente, mas bastava como constrangimento, a simples menção da imagem de um casamento entre a tradição ontológica da filosofia ocidental e a vocação gnoseológica da nova e moderna "Filosofia".

Já a Matemática, parece-nos, não provocaria nunca um tal constrangimento. Sem agredir a metafísica racionalista moderna, servira de apoio às novas ciências. O reforço da *Razão* pelo advento do cientificismo foi alcançado sem tê-la prendido ao *pensamento clássico*, redimido pelo *Progresso*.

***

A secular concepção acerca da *Verdade*, cunhada pela cristandade medieval escolástica a partir do aristotelismo helenístico, como uma adequação entre as coisas e a inteligência (poderíamos adaptar, *dialéticamente*, para "adequação entre a razão e o real"[8] – necessária ao ponto de terem sido identificados, com Hegel, o real e o racional), essa "verdade" encontrou questionamentos e críticas por parte da *modernidade*, desde a dúvida cartesiana.

---

[8] "Hegel apresentou-se como o pensador que procurou reconciliar a filosofia com a realidade, estabelecendo um acordo entre as duas." ARANTES, P. In: HEGEL. *Os pensadores*. p. xviii.

Com o estabelecimento de uma nova valoração na *Filosofia* – na perspectiva do sujeito – a *Verdade* ou o critério de certeza do conhecimento e das afirmações passou a implicar originariamente aquela faculdade a qual, devido à sua natureza pessoal e ao mesmo tempo comum, o *Homem* poderia controlar e, assim, fundamentar todo o conhecimento seguro: esta faculdade é o pensamento racional.

Nessa metafísica subjetivista oferecem-se "bases" para a Ciência Moderna, provocando o conhecimento à sua formação e manifestação precisa e exata, fundamentada aí, sim, numa observação e experimentação metódica e racional da realidade. Note-se que essa nova perspectiva não viria a excluir, de maneira nenhuma, a racionalidade "conceitual" do tipo socrático, mas, com bastante boa vontade, envolve-a ou mesmo desenvolve-a. Tal contribuição do racionalismo no surgimento da cientificidade, notemos, lança mão do instrumental matemático, cria da *Razão* e medida universal do conhecimento.

Se o *organismo* teórico físico-matemático aceitou economicamente os humores humanos, no que tange a definir o que é ou não científico e, assim, o foi, esse é um problema para os cientistas; eles que se entendam. O referencial moderno fere a vaidade de uns, que buscam outras formas "científicas" para estudar os homens que não a formulação de "conceitos" necessários sobre as manifestações sociais, guiados pela observação metódica e pela mensuração estatística formal. "Haveria outras formas de se fazer Ciência", poderiam reclamar. A *Razão* estaria presente em outros instrumentos, em outras concepções. Mas sempre científicas; é um embate em prol e honra da *mais-ciência*.

A subjetividade na *Filosofia* e no conhecimento em geral permitiu, vejam só, que o próprio sujeito – o *Homem* – para atender às atenções dispensadas pelo conhecimento, se propusesse como um fato científico. Eis, pois, como, e bem que já consideramos isso, surgiu a moderna noção de "Humanidades": se tínhamos de conhecer o *Homem*, tivemos de passar a fazê-lo como *Ciência*; assim foi: aquele se tornou em fenômeno de um conceito moderno de humanidade. Logo, menos artístico, menos sublime, mais controlado e controlável; mais limitado.

Uma formalização racional abstracionista, é o que nos restou. De objeto múltiplo, variado e plural, a legítima idéia de um conjunto de homens relacionados entre si, e distintos por e através dessas relações sociais, nas quais os homens são "igualmente" *formados* (em subconjuntos por vezes antagônicos), passou-se a considerar "cientificamente" os homens numa *forma humana* transcendente, substitutivo moderno da humana natureza objetiva do passado. Mas isso não se sustentaria muito bem, como para Foucault:

> Toda forma é um composto de relações de forças. Estando dadas forças, perguntar-se-á então primeiramente com que forças de fora elas entram em relação e, em seguida, qual a forma resultante. Considerem-se forças no homem: força de imaginar, de recordar, de conceber, de querer... Objetar-se-á que tais forças supõem, já, o homem; mas não é verdade, como forma. As forças, no homem, supõem apenas lugares, pontos de aplicação, uma região do existente. [...] Pode-se já prever que as forças, no homem, não entram necessariamente na composição de uma forma-Homem, mas podem investir-se de outra maneira, num outro composto, numa outra forma: mesmo se considerarmos um curto período, o Homem não existiu sempre, e não existirá para sempre.[9]

O "conceito" de *humanidade* mata: é a descrição prévia e racional de como se deve ser, e de como não se pode ou não se deveria ser – todavia, para que esclarecer o óbvio, aquilo que de qualquer forma não seria possível, através da racionalização?

> O que manifesta, [...] a especificidade das ciências humanas vê-se bem que não é esse objeto privilegiado e particularmente nebuloso que é o homem. Pela simples razão

---

[9] DELEUZE, G. *Sobre a morte do homem e o super-homem*. p. 132.

> de que não é o homem que as constitui e lhes oferece um domínio específico; [...]. Dir-se-á, por conseguinte, que existe "ciência humana" não onde quer que o homem esteja em causa, mas onde quer que se analisem, na dimensão própria do inconsciente, normas, regras, conjuntos significantes que desvelam à consciência as condições das suas formas e dos seus conteúdos. Falar de "ciências do homem" em qualquer outro caso é puro abuso de linguagem. Avalia-se assim quão vãs e ociosas são todas as discussões infindáveis para saber se tais conhecimentos podem ser ditos realmente científicos e a que condições deveriam eles submeter-se para o serem.[10]

Talvez, enfim, aquela impossibilidade não seja um fato, mas um desejo, e negativo, um desejo do *Não* isto ou aquilo, em especial para os outros; logo, o desejo de alguém ou, o mais provável, de alguns; melhor ainda, de muitos ou da medíocre maioria em sua pública opinião.

***

O campo do caos e descontrole foi conquistado paciente e paulatinamente pelo rigor racional, até que fossem eliminados no mais das áreas do conhecimento, no momento em que a *História* apontava e reclamava a *modernidade*. O conhecimento se havia feito científico, mas a *utopia cientificista* não passava ainda de uma esperança de coroamento, para um trono prometido à *Razão* – para um reinado eterno e absoluto, mas bem esclarecido.

Percebida na Modernidade a nova universalização do *humano*, recente, presente e eventualmente futura, reportamo-nos a Nietzsche se não a aceitarmos; e, de fato, não precisamos aceitá-la: é, ao menos, duvidosa; só por isso já valeria sua crítica. Há ou pode haver na cultura moderna um ranço de doença filosófica que permite e provoca a decadência da civilização... essa é uma

---

[10] FOUCAULT, M. *As ciências humanas*. p. 71-72.

cultura de um último, frígido e abominável *Homem*, que não soube bem desfazer-se de seu *Deus*: este, a abominação maior da agonizante *metafísica clássica* do Ocidente.

A MAIS FEIA HUMANIDADE

O acompanhamento histórico dado por Nietzsche aos diversos estágios e processos apresentados pelas culturas que reconhecesse como decadentes, dá-se sob os olhos do cronista e do biógrafo. Se nesses povos Nietzsche procura os sintomas da moléstia intelectual da racionalidade hipertrofiada, seria mesmo nos homens, esses os que raciocinam, que se encontrariam manifestação e causas das suas mazelas culturais.

Assim como os homens de grandeza, aqueles que fecundam a terra com seu ímpeto criativo, valendo como contraponto existencial e vital à *Razão* totalitária (um Heráclito, o próprio Nietzsche – tais homens não disputam méritos no campo da *Razão*: fustigam-na "de fora", apelam à vida que justifica, contra o pensamento que só condena – estes não discutem com o doente, não se deixam envolver pelo discurso viciado ou patológico, senão denunciam-no a quem, são, possa compreender suas censuras), seriam os homens do pensamento racional, hoje os "cientistas", professores e "filósofos", que fariam aquilo que o pensamento sozinho não pode: agir contra a vida.

A racionalidade não iria pesar sobre a cultura nocivamente se, ao menos, não reivindicasse seu domínio sobre a inteligência. Ora, isso a racionalidade o faz, encontrando uma civilização cansada, formada por homens fracos de corpo e espírito, vale dizer, sem vitalidade, estéreis, doentios. Quando pode, devido à vileza nas ações dos homens (melhor seria dizer: – na sua inação...), torna-se despótica e absolutista; e esse é o caso do moderno cientificismo reinante na nossa cultura.

"A ciência abrange um círculo monstruosamente vasto e com isso cresceu também a possibilidade de que o filósofo se detenha nos primórdios de seu estudo e se ponha a se 'especializar' em algum aspecto; de tal forma que não possa chegar à altura desejada, que lhe permitiria olhar do alto, ao alto, para baixo e ao seu redor."[11] Esta simplificação imposta em tudo pelas *ciências*, e até à *Filosofia* – pobre esperança esta de salvaguarda ao monismo intelectual do cientificismo (simplificação, porém, à qual as "artes", estando de fora do domínio teorético, não poderia se prestar) – trata de desconsiderar os homens como elementos vivos de um complexo conjunto social/natural, para tratá-los como um "sujeito abstrato" do conhecimento, um "conceito" *abstrato* portanto, assunto das "Humanidades".

Se pudéssemos opor os homens em vida aos pobres e simplórios conceitos de *Homem* e humanidade os quais, como conceitos universalizantes, carregam toda a degenerecência de um produto da racionalidade "absoluta", poderíamos analogamente opor um *saber vital* (como a *Filosofia* poderia sê-lo, como as *Artes* deveriam sê-lo, quando e se produtos "naturais" da vida dos homens e, assim, criações de afirmação e legitimação da vida e da natureza) aos discursos condenatórios do mundo, aos quais os homens fracos chamassem de "ciências"...

> A ciência, antropomorfismo sofisticado e aperfeiçoado, é uma extensão das categorias/linguagem/conceitos em seu papel de construtora e humanizadora de um mundo onde possamos viver. Através de ilusões e metáforas, o homem constrói o seu mundo antropomórfico, assimilando-o ao seu olhar formador. "Causalidade", conceitos, substância... antropomorfismos destinados a um interesse: a possibilidade da vida humana.[12]

***

Nem precisaríamos recordar, todavia, que aos homens de gênio, para Nietzsche, não é improvável que se apercebam do

[11] NIETZSCHE, F. *Além do bem e do mal*. p. 134.

[12] BRUM, J. *Nietzsche*: as artes do intelecto. p. 13.

jogo que permeia o mundo, a *hybris*, pelo qual tomariam gosto para agir, então, para criar em função da *hybris*. Na vivência do jogo podem os homens conviver no mundo sem desesperar pelos devaneios dos "ideais", dos *reais/verdadeiros*; enfim, da *Razão*.

O moderno *cientista*, sobrecarregado dessas noções – pois delas precisa para delimitar as janelas de seu discurso sobre o mundo, pelo que este teria além dele ou como se vulgarizou nos dias de hoje, por trás dele (não dá no mesmo, mas vem do mesmo, da *Razão*); janelas que eliminam a complicação harmoniosa da vida para cortar a confusão do mundo em pedacinhos, em sub-átomos localizados por coordenadas, em pontos (partículas geométricas simples) –, esse *cientista* torna-se o técnico, o profissional do conhecimento prudente.

> Olhando mais de perto, o que é o homem de ciência? Antes de mais nada uma espécie de homem sem nobreza, isto é, não dominante, não exercendo a autoridade, e nem mesmo suficiente a si mesmo, possui a laboriosidade, a paciência de classificar e ordenar as coisas, o senso da regularidade e da medida nas suas faculdades e necessidades, o instinto próprio de seus pares, as necessidades idênticas a de seus pares, por exemplo, daquele tanto de independência, daquela quantidade de pastagem verde, sem o que um trabalho tranqüilo parece impossível, duma certa pretensão às honras e à consideração (que sobretudo supõe que se reconheçam seus méritos e que é capaz de fazer reconhecer), este raio de sol da fama, esta constante ratificação do próprio valor, da própria utilidade, para poder domar a *desconfiança* interna, congênita a todos os homens dependentes e agregados. [13]

Sem apelar para falácias nem cair em constrangedoras contradições, poderíamos dizer que uma tal admoestação feita por Nietzsche a seus contemporâneos acerca dos "cientistas" daquela época positivista já perdeu seu sentido nos inícios do século XXI?

---

[13] NIETZSCHE, F. *Além do bem e do mal*. p. 135.

> Com que lanterna seria preciso, aqui, procurar por homens que fossem capazes de um mergulho interior e de um abandono puro ao gênio e tivessem a coragem e força suficientes para invocar demônios que fugiram de nosso tempo! Olhando de fora, encontra-se sem dúvida naquelas cidades toda a pompa da civilização, elas, com seus aparatos imponentes, se assemelham aos arsenais com seus canhões e instrumentos de guerra: vemos preparativos e uma assídua movimentação, como se o céu fosse ser tomado de assalto ou a verdade trazida do fundo do poço mais profundo, e no entanto é na guerra que pior podem ser usadas as maiores máquinas. E assim a civilização efetiva, em seu combate, deixa de lado aquelas cidades e sente com o melhor de seus instintos que ali, para ela, não há nada a esperar e muito a temer. [14]

Como a racionalidade minou as forças dos mitos trágicos de outrora, sublime aceitação da vida pelos homens, sem subterfúgios morais, o moderno cientificismo, ao apregoar a exigência de se ter do *Homem* um "conceito" – este instinto das "ciências dos homens": espojar-se numa categoria, aqui a de humanidade, para demonstrar seu descompromisso e desserviço à vida – dita assim a limitação do *Homem* sobre os homens.

Limites que são os da *Razão*... logo, artificiosos, desajeitados; no máximo imitações toscas dos limites que o pensamento racional julgou ter vislumbrado para a vida – portanto, limites biônicos, mas não sobrenaturais. Outrossim, em se tratando de metáfora que sufoca os mitos, esse conhecimento científico, numa interpretação "humanística" dos homens, isso não passaria de um enleado de proposições formais, logicamente corretas, talvez, mas dificilmente comprováveis empiricamente e certamente alheias àqueles exercícios vitais da atividade criativa humana, e consideradas não assim; porém consideradas num "conceito": o que é, de alguma maneira, algo de fácil, sem risco, econômico e acessível, devemos convir.

---

[14] NIETZSCHE, F. *David Strauss*. p. 56-57.

E, por fim, *um alvissareiro anúncio de morte*

A depender da orientação dada por Nietzsche nos seus estudos de História da Cultura e da Filosofia, bem como de sua crítica vitalista à tal racionalidade, esta bem pode ser associada à manifestação de decadência dos povos e de suas civilizações.

Identificada uma racionalidade totalitária, a qual tudo envolve para superar a tudo o mais pela negação e eliminação, como a má formação "congênita" do socratismo e da heterogênea cultura helenística, pós-helênica, não é difícil para Nietzsche supô-la e denunciá-la como *razão maior* da degeneração da Grécia Antiga. Percebida a positividade científica da *modernidade* como outra e tardia imposição total da *Razão*, os modernos só poderiam ser, assim, uns decadentes.

E são os cientistas modernos que inventaram as "Humanidades", os conhecimentos científicos acerca do *Homem* abstrato os quais, propondo-se abrangentes até as limitações (gnoseológicas ou mesmo ontológicas) do *fenômeno* humano, posicionam-se aquém do alcance da vida dos homens, que é o fator primordial que deveria ser considerado num saber vital. Esterilidade dos "cientistas", feiúra e aridez das teorias científicas, entre elas as "Humanidades", seriam os sinais da decadência da cultura cientificista, na qual a teoria valeria tanto e como a ação, o pensamento mais que a vida, e a humanidade mais que os homens vivos/mundanos:

> Enquanto o infortúnio que domina no seio da cultura teórica começa paulatinamente a angustiar o homem moderno, e ele, inquieto, recorre, tirando-os de suas experiências, a certos meios a fim de desviar o perigo, sem que ele mesmo creia nesses meios; isto é, enquanto esse homem começa a pressentir as suas próprias conseqüências, grandes naturezas, com disposições universais, souberam utilizar com incrível sensatez o instrumento da própria ciência, a fim de expor os limites e condicionamentos do conhecer em geral e, com isso, negar definitivamente a pretensão da ciência à validade universal e a

> metas universais: prova mediante a qual, pela primeira vez, foi reconhecida como tal aquela idéia ilusória que, pela mão da causalidade, se arroga o poder de sondar o ser mais íntimo das coisas.[15]

Primeiros críticos das pretensões despóticas do racionalismo cientificista, Nietzsche os encontraria na obra de um I. Kant (nisso insiste Deleuze) e, obviamente, na de um A. Schopenhauer – naturalmente destituídos do vigor crítico vital e radical dele próprio, Nietzsche.

E é este vigor que faz diferente a crítica nietzscheana à *Ciência*: na sua "Filosofia", o conhecimento científico não passa de um sintoma, para Nietzsche: como tudo e todos, é permeado por uma vontade, que é a vontade de jogar da *hybris*, como a da *hybris*, como algo que enobreceria os homens e não os sobrecarregaria – isso assim, na concepção schopenhaueriana. E é já essa *vontade de poder/ saber*, manifesta através do cientificismo, e não apenas uma mera análise epistemológica das proposições e sistemas científicos, que precisamos ter em conta, para não nos perdermos em "letras mortas". "A questão é apenas saber de que grau de vitalidade ou degenerescência esta (*a vontade de ciência*) é índice. Mostra-me como exerces a tua 'potência', dir-te-ei quem és: se tens *boa saúde* ou és *doente*."[16]

A "Ciência" como manifestação da vontade (como tudo na vida, para Nietzsche, vida que é ou permeia toda atividade), porém manifestação o mais das vezes reativa, que arbitrasse e condenasse para impedir a vida – e não para provocá-la, todavia, pois este assim seria um julgamento ativo, sadio, o exercício crítico por excelência: poderia isso ser até um porto seguro para as cargas e investidas nietzscheanas contra o cientificismo e contra as ciências "humanistas", percorrido o trajeto de reconhecimento da racionalidade total como sintoma da decadência cultural dos

[15] NIETZSCHE, F. *O nascimento da tragédia*. p. 110.

[16] LEBRUN, G. *Por que ler Nietzsche hoje?*. p. 36.

povos. É o porto em que tentamos chegar pela crítica ao humanismo científico, pelo anúncio da morte, do desaparecimento, da desvalorização da noção metafísica de *Homem*:

> Nos nossos dias, e uma vez mais, Nietzsche indica de longe o ponto de inflexão, não é tanto a ausência ou a morte de Deus que é afirmada como o fim do homem (esse tênue, esse imperceptível desnível, esse recuo na forma da identidade que fazem com que a finitude do homem se tenha tornado no seu fim): descobre-se então que a morte de Deus e o último homem estão indissoluvelmente ligados: não é porventura o último homem que anuncia que matou Deus, colocando deste modo a sua linguagem, o seu pensamento, o seu riso no espaço do Deus já morto, mas apresentando-se também como o que matou Deus e cuja existência envolve a liberdade e a decisão desse assassínio?[17]

Em nome da *Verdade*, a *Razão* submete a atividade dos homens ao conhecimento de uma "verdade", que seria toda e única. Mas isso não é mais que um "*conceito* de verdade"; outra vez a vontade doentia, a vontade *de* crer em algo a que *se submeter*; que a tantos homens vicia....

> Por que a verdade é tida como necessária? O que quer quem procura a verdade? A originalidade e a importância da filosofia de Nietzsche é ter compreendido que a crítica da ciência só pode ser eficazmente realizada como questionamento da vontade de verdade: o que significa situar-se do ponto de vista da vontade de potência. Se a questão do conhecimento não pode ser elucidada limitando-se a seu interior é porque na base do conhecimento está a vontade e porque a vontade de verdade expressa sempre um determinado tipo de vontade de potência. A teoria nietzscheana da ciência é, portanto, uma genealogia da

---

[17] FOUCAULT, M. *As ciências humanas*. p. 97.

> vontade de verdade que pretende determinar sua origem e seu valor a partir da vontade de potência.[18]

Uma crítica aprofundada ao cientificismo alcançaria, por conseguinte, um espectro muito mais incisivo e amplo que o da mera localização de alguns dos elementos, na obra nietzscheana, que se pudessem manejar, para se criar um discurso teórico acerca da decadência da cultura moderna, através de uma genealogia dessa decadência – conforme a constatamos, por um exemplo, nas "Humanidades".

***

Nesse ponto da crítica nietzscheana vemos, porém, algo mais que a denúncia da metafísica humanista travestida em *Ciência*: vemos mesmo um dos ápices da "grande obra" nietzscheana:

> Mais do que a morte de Deus – ou antes na esteira dessa morte e numa correlação profunda com ela, o que anuncia o pensamento de Nietzsche é o fim deste assassínio; é o esfacelamento do rosto do homem no riso e o retorno das máscaras; é a dispersão da profunda corrente temporal pela qual ele se sentia transportado e de que suspeitava a pressão no próprio ser das coisas; é a identidade do Retorno do Mesmo e da absoluta dispersão do homem.[19]

Numa época em que os homens "sobrevivos" se ocultassem na generalização opressora da humanidade, na qual se careceria dos homens de gênio vital e criativo, em que se acostumou a ver a singularidade como partícula da totalidade, deveria a "Ciência" ser aceita como um absurdo "dogma experimental" – como é de praxe até entre "cientistas"? É, sem dúvida, a tendência vitoriosa; apesar disso e por isso mesmo cabe, com Nietzsche, apostrofar tais "cientistas":

---

[18] MACHADO, R. *Nietzsche e a verdade*. p. 85.

[19] FOUCAULT, M. *As ciências humanas*. p. 71-72.

> Mas se vós, como homens de ciência, procedeis, com a ciência como os trabalhadores com as tarefas, que lhes impõem sua indigência e as necessidades da vida, o que será de uma civilização que está condenada, precisamente diante de uma tal cientificidade agitada, sem fôlego, que corre de cá para lá, e até mesmo se debate em estertores, a esperar pela hora de seu nascimento e redenção? Para ela ninguém tem tempo – e no entanto o que há de ser, *em geral*, a ciência, se não tem tempo para a civilização? Respondei-nos, pelo menos aqui: de onde, para que toda a ciência, se não for para levar à civilização? Ora, talvez então à barbárie![20]

Talvez, porém, em vez de os especialistas da *Verdade* e da *Razão*, e das generalidades e generalizações promoverem esse novo tipo de barbárie, a da cultura que definha e morre no "mesmo acerca do mesmo", (sem criar, ousar, aventurar o espírito, fazendo do conhecimento não um atracadouro mas um depósito sitiado), poderíamos encontrar, ainda, sinais de algum pouco do febril *bom senso* filo*nietzscheano*: "Uma coisa em todo o caso é certa: é que o homem não é o mais velho problema nem o mais constante que se tem posto ao saber humano. Escolhendo uma cronologia relativamente curta e um espaço geográfico restrito – a cultura européia desde o século XVI –, pode-se estar certo de que o homem é uma invenção recente."[21]

O *Homem* como "invenção"! O *Homem* como *ficção que fala ao coração*! Esse *Rei* e "centro do mundo" cultural antropocêntrico da Modernidade: uma "evidência irrefutável"? "O mundo-verdade – uma idéia que não serve mais para nada, que não mais obriga a nada, uma idéia que se tornou inútil e supérflua, e por conseguinte, uma idéia refutada: suprimamo-la!"[22]; a "verdade ideal" (e sua prótese mecânica, a *Razão*) como sonhos inúteis à vida. "Reencontrássemos" agora

[20] NIETZSCHE, F. *Crepúsculo dos ídolos*. p. 247.

[21] FOUCAULT, M. *As ciências humanas*. p. 99.

[22] NIETZSCHE, F. *Crepúsculo dos ídolos*. p. 52.

a *hybris*, e talvez a *Ciência* não mais fosse como hoje a entendemos: eis um intento atualíssimo!

> A filosofia pós-nietzscheana extrai sua substância intelectual da crítica que Nietzsche fez da modernidade e dos valores do Iluminismo, especialmente do liberalismo e do humanismo secular. O método é, em parte, genealógico, pois segue a argumentação de Nietzsche de que as valorizações do Iluminismo são feitas por meio da análise da constituição de sistemas morais. Ao adotar um perspectivismo moral, Nietzsche desconstrói, simultaneamente, as pretensões universalistas afirmadas por aderentes dos vários sistemas, indicando que a "verdade" ou o "certo" é o produto discursivo de um sistema que produz o "certo" e o "errado", que produz proposições "verdadeiras" ou "falsas". [23]

* * *

Deus morreu; seu cadáver apodrece aos poucos entre os homens modernos, pensava Nietzsche. (Nós mesmos não discordaríamos muito dele.) Uns tentam ressuscitá-Lo; outros querem consubstanciá-Lo no *Homem*, num experimento patético de engenharia genético-metafísica e religiosa; outros, gostaríamos de enterrá-Lo de vez, e com Ele o *Homem*:

> É desfigurar Nietzsche, fazê-lo o pensador da morte de Deus. Feuerbach foi o último pensador da morte de Deus: ele mostra que, jamais sendo Deus mais que o desdobramento do homem, o homem deve dobrar e redobrar Deus. Mas, para Nietzsche, essa é uma velha história; e como as velhas histórias têm como característica multiplicar suas variantes; Nietzsche multiplica as versões da morte de Deus, todas cômicas ou humorísticas, como variações sobre um fato adquirido. Mas o que lhe interessa é

[23] PETERS, M. *Pós-estruturalismo e filosofia da diferença*. p. 64.

> a morte do homem. [...]. Mas o que quer dizer Foucault quando diz, a respeito da morte do homem, que não há por que chorar? [...]. A questão sempre retomada é, então, esta: se as forças no homem só compõem uma forma entrando em relação com as forças do lado de fora, com quais novas forças elas correm o risco de entrar em relação agora, e que nova forma poderia advir que não seja mais nem Deus nem o Homem? [24]

Que outras mortes poderiam fazer-nos mais felizes? Deus nos nega tudo: sexo, assassínio, conforto e todo o tipo de prazeres. O *Homem* também, no mais. E a "Filosofia" *idem*, quase toda, quase sempre. (E eis que deparamos num tropeço, mais uma vez com o mesmo, com o romântico hegelianismo, secretamente amasiado à tradição "científica" moderada pós-iluminista ao positivismo responsável... Um lindo caso entre rebentos de famílias rivais, unidas pelo desejo comum aos corações acadêmicos, pela *vontade de saber/poder* o *Homem*, essa vontadezinha dos homens modernos, de se conhecer o "fenômeno humano" no *Todo*: desde se seu íntimo essencial/existencial até suas razões históricas, até a *Razão* na *História*...) O *Homem* se reproduz nos homens modernos e revisita a maiêutica socrática, retomando-a numa obstetrícia: as "ciências humanas", mistura eclética de *Ciência* com "Filosofia".

Ora, lembremos ainda como o simplório ecletismo sempre fez sucesso nas culturas da *modernidade atrasada* – nos países de hegemonia católica, como o Brasil. E – pecado aqui: junta-se a gula eclética com a *vontade de poder/ saber* hegeliana – lembremos também como o hegelianismo pode promover o ecletismo, subordinando as diferenças de pensamento à totalidade histórica do "espírito do mundo", o "espírito humano". As identificações hegelianas, suas negações das diferenciações... Vejamos, afinal:

---

[24] DELEUZE, G. *Sobre a morte do homem e o super-homem*. p. 139-140.

1) Se consideramos *nietzscheanamente* a "história", como uma noção empírica que desenvolvemos desde a sucessão temporal dos acontecimentos socialmente relevantes, acontecimentos dos quais participamos ou dos quais "vimos a saber"; uma noção de "processo histórico", como de acontecimentos imprevisíveis, mas *determinados* e *determinantes*, posto que estabelecem as condições uns dos outros, os anteriores dos posteriores, mas não teleologicamente "necessários", posto que não correspondem às projeções da tal *Razão* na *História*, então consideramos a "história" diferenciadamente em relação à noção romântica, idealista, absoluta, historicista, a noção hegeliana de *História*;

(Mas para Hegel, o "processo histórico" necessário identificava-se, numa síntese, e necessariamente, com a própria "consciência histórica", na noção teórico-filosófica, real/ideal de *História*... e esta identificava-se, noutra síntese, com a própria "Filosofia", na noção de *História da Filosofia*;)

2) Se considerarmos *nietzscheanamente* a "Filosofia" como uma noção apenas possível, e nunca necessária, de um pensamento teórico-cultural crítico – e analítico, mas não descritivo/científico – e criativo – mas não artístico/catártico –, então consideramos a "Filosofia" diferenciadamente à noção historiográfica, legítima e funcional, e didática de *História da Filosofia*;

(Mas para Hegel, a *História da Filosofia* identificava-se, numa síntese, e necessariamente, com a "Filosofia da História", sintetizadas na própria "Filosofia *hegeliana*"... e assim por diante, para trás e para frente, e para sempre, na infinitude do *Todo*, que ressurge, histórica e pedagogicamente, na(s) consciência(s) da humanidade;)

3) Enfim, e isto aqui muito nos importa, se consideramos *nietzscheanamente* a pedagogia, como uma noção de conjunto de conhecimentos acerca da educação, de um conjunto de proposições teórico-práticas acerca da educação,

> como "ciências da educação", aí então consideramos uma *pedagogia científica*, e diferenciadamente, em relação à noção humanista de pedagogia que, hegelianamente, identifica o(s) processo(s) de ensino/aprendizagem (ou educacionais) com uma pretensa *teoria educacional* filosófico-científica, numa *práxis* pretendida, a própria pedagogia... humanista;
>
> (Mas para Nietzsche, pensamento e ação se diferenciam, prática e teoria se diferenciam, teoria e vida se diferenciam, numa precedência da ação, da prática e da vida; conseqüentemente, uma ciência "pedagógica" se diferenciaria da prática educacional e dos processos de ensino/aprendizagem.)

Vale ainda dizer: para Nietzsche ou numa perspectiva *nietzscheana*, o pensamento pedagógico é apenas mais uma ficção intelectual, a qual, determinada pela sociedade e pela cultura em que surgiu e se desenvolveu, serviria à apologia, justificação, explicação e imposição de um modo de vida, ficção esta da cultura e da educação. A pedagogia será, sempre, útil; as questões, pois, é que importam: útil para quê?/ útil para quem?/ útil como? Atualmente, a pedagogia só é útil ao *Homem*, à decadente, estertorante idéia moderna e burguesa de humanidade. Em tudo isso a pedagogia humanista, o humanismo em educação, serão contra-revolucionários.

Seria, pois, esse o caso com humanismo em educação: o de criarmos outro caso, negando a negação hegeliana, afirmando outras possibilidades, novas e diferentes, da vida cultural e da ação educacional:

> O "sim" de Nietzsche é contraposto ao "não" dialético; a leveza e a dança ao peso e o fardo. Na concepção deleuziana, a dialética é o pensamento do escravo, pois é ele quem "dialetiza" a relação. O escravo necessita de reconhecimento, ver sua inferioridade em superioridade. [...] Essa inversão de valores seria o sintoma do conformismo de Hegel. Para Nietzsche, o escravo é ressentido, precisa negar o

> outro para poder afirmar-se. O senhor é agressivo, da afirmação de sua diferença decorre a negação do outro. As forças dominantes ou superiores são ditas ativas; as forças inferiores são ditas reativas. A reatividade é a capacidade de acomodação, é a adaptação da força que obedece. [25]

Essa boa e bela festa de afirmação, para a "Ciência" e o conhecimento em geral, corresponderia a um arrebentamento completo da "ética humanista". Para a educação, tal festa viria, parcialmente, como resultado das críticas "anti-humanistas", como a nossa, que já iriam bem avançadas: "O homem é uma invenção, e uma invenção recente, tal como a arqueologia do nosso pensamento o mostra facilmente. E talvez ela nos indique também o seu próximo fim." [26] De resto, as outras partes dessa festa teriam de ser trazidas por nós mesmos, estudantes ou professores: senhores da festa, nela comemoraríamos o que quiséssemos, e tocando a música que bem entendêssemos. E, para enfeitar a festa, um prisioneiro a ser calado pela degola, o feiíssimo *Homem*.

---

[25] OLIVEIRA, R. *Para além da dialética*: o anti-hegelianismo de Nietzsche e Deleuze. p. 99.

[26] FOUCAULT, M. *As ciências humanas*. p.100.

CAPÍTULO SEXTO

Para uma crítica *da atual "Educação"*

[Em já se ultimando os humanos professores do Bem...]

> "Dany": *Os estudantes não constituem uma classe. [...] Quem são seus opressores, senão todo o sistema?*
>
> Sartre: *Os estudantes não são, efetivamente, uma classe. Eles se definem pela idade e pela ligação com o saber. O estudante é alguém que, por definição, deve deixar um dia de ser estudante, em não importa qual sociedade, mesmo aquela com que sonhamos.*
>
> "Dany": *É justamente isso que é preciso mudar. [...] Há os que trabalham e há os que estudam. E permanecemos numa divisão [...] do trabalho social. [...] É o princípio básico que deve ser mudado. É necessário refutar, de saída, a distinção entre estudante e trabalhador.*
>
> SARTRE; *Dany le Rouge. Nossa ação provou que a espontaneidade popular ocupava lugar importante no movimento social.*[1]

Nietzsche: estranho e amargo remédio este, o que escolhemos para purgar-nos do pedantismo professoral, disfarçado de humildade e modéstia, em "ética humanista". Tomamo-lo porque

[1] SARTRE, J-P. *entrevista* Cohn-Bendit, o *Dany le Rouge*, em *Le Nouvel Observateur*. *No decorrer* da Rebelião Estudantil de Maio de 1968: caso deveras incomum e estimulante de conversação entre um bom aluno e um bom professor – em que fale cada um por si –; ambos são já desaparecidos, porém, ainda que de maneiras bem diversas: o professor, de raiva, tristeza e velhice; e o "Dany"... aburguesou-se. Pobre Daniel.

nos serve; mais ainda que um antígeno contra o humanismo, o que teremos dele? Ora um verdadeiro arsenal de argumentos críticos destrutivos. Assim é, ou pode ser; seqüestrando-o, pervertendo-o a este "mestre", pretendemos subjugá-lo sob uma revolucionária *ditadura democrática* do "estudantado".

***

Não temos todos ouvido nem sequer tentado ouvir a *música da história*. Os acordes anunciam o enterro de um "deus" e a morte do *Homem*. No entanto, tratamo-los, e ao último mais ainda, como se estivessem entre nós. Mas de fato estão aqui, entre os vivos ao contrário, como doença. Nietzsche mostrou-nos a doença do socratismo, da religião, do cristianismo. Foucault, a doença do humanismo, já anunciada por Nietzsche.

O que é que pensamos ouvir, que muitos não ouçam? Que qualquer transformação passa pela destruição do velho, pois passa pela afirmação da diferença, da novidade e da luta entre os diferentes. Em tantos outros, ouvidos moucos: a sua *Estória* é ouvida como um *conto de fadas*, com moral própria e final feliz, que nos contam num esgar:

> Pensar a História como possibilidade é reconhecer a educação também como possibilidade. [...] Uma de nossas tarefas, como educadores e educadoras, é descobrir o que historicamente pode ser feito no sentido de contribuir para a transformação do mundo, de que resulte um mundo mais "redondo", menos arestoso, mais humano, e em que se prepare a materialização da grande Utopia: *Unidade na Diversidade.*[2]

Mas isso de "utopia" é o fim! Literalmente. Uma "utopia" é uma pré-definição moral do objetivo final e do justo caminho históricos. Uma teleologia agora, "subjetivista". Significa que

[2] FREIRE, P. *Anotações sobre unidade na diversidade.* p. 35-36.

temos, e aceitamos, um *Santo Pai* falando por nós mesmos, dizendo-nos o que e como fazer de nossas vidas: é termos um "*Mestre e Senhor*", e sermos d*Ele*. Tara de qualquer professor normal, perversãozinha assexuada, sintoma cultural (cristão e filosófico) que merece ser extirpado de nossas vidas – pela demolição dessa *Clínica do Homem* que é a "*educação moderna*", que ocupa tempo e espaço em "transformar" os homens, impuros e mundanos em algo mais-*Homem*.

E o que, afinal, nos poderia restar dessa destruição assim, toda? (Nem precisaria restar algo, é *bem verdade*: a destruição vale por si, pelo espetáculo de um *gôut* refinado que temos, um sinistro de ídolos!) A que apegar-nos, nós os de *Filosofia* ou das *ciências sociais* – psicólogos, historiadores ou sociólogos? Mais ainda, a que nos apegaríamos os educadores – pedagogos e professores, daquelas e de outras disciplinas? Se não há – pois nunca houve, nem queremos que haja – o *Homem*, o que, quem e para que educamos? Ou ainda, e de fato, que dado é esse, a educação?

Essas perguntas, todavia, não passam de um rascunho de metafísica! Não há mesmo quem negue isso: "Pensar o mundo como fato significa pensar a estática do mundo. Significa, em outras palavras, não pensar as alternativas, não pensar o novo."[3]

A crença no *Homem*, como origem, objetivo e finalidade da sociedade, da cultura e da política, e de sua "história", isso, sim, fora (é ainda) uma tábua de salvação. Apegar-se a isso ou a qualquer outro absoluto, para entender-se ou justificar os conhecimentos, a *Ciência* ou a *Educação*, seria pregar a realidade transcendente de alguma entidade pura, original, superior – termo de religação para o "vão" múltiplo, vário, mundano e concreto. Sem um "deus" nem o *Homem*, os conhecimentos se fazem e ampliam por nós mesmos, socialmente. Assim, a cultura não seria mais considerável, mesmo que ainda considerada, como reflexo de uma *natureza humana* – mas, sim, como um meio *vivo*,

---

[3] MÍLOVIC, M. *Dominação e Ideologia – Hegel e a Idéia da Modernidade*, p. 40.

onde se joga essa "vida"; e a educação, agora então, já serviria a uns tantos interesses vitais – de ação e pensamento.

Contudo, a metafísica se mantém. Como isso é possível? Ora, não há uma correspondência imediata entre os avanços batedores da crítica política ou filosófica e os descansos e revistas ordenados do mecanismo de divulgação e transmissão, de manutenção e reforma da cultura: a educação, o ensino e a formação de educadores.

* * *

O que hoje conhecemos como *Educação* é somente mais uma ficção do moderno humanismo, e tão somente, bem como ainda o são suas versões de *Homem* e o seu *Progresso*. Essas noções carregam em si conceitos historicamente compostos, que a *modernidade* supõe ter "descoberto". Por serem considerados *Eternos* e *Universais*, os valores "designados" por aqueles termos teriam estado desde sempre à nossa disposição, à plena disposição da humanidade.

Entretanto, se os homens antigos não tinham esses tais valores compreendidos, e daí até o agora, caberia aos modernos descobri-los, encontrá-los através das brumas, dos preconceitos e dos "duvidosos" valores do passado. O que seria uma invenção é revendido como descoberta e a "educação" *humanista moderna*, comprada como uma jóia dessa descoberta, desse produto do *Progresso*. Na *cultura moderna*, a Antiguidade (e o Medievo...) estaria(m) numa condensação, no que tivesse(m) de "Clássico"; melhor dizendo, de a-histórico ou de atemporal.

De bom ou ruim, a *modernidade* chegou a atingir:

> Por um lado, a clara compreensão de que o que por direito deveria se chamar "cultura clássica" hoje não é outra coisa do que um ideal cultural flutuante e inconsistente, que não está em condições de crescer sobre o terreno de nossos organismos educacionais, e, por outro lado, a compreensão de que o que hoje se chama, num eufemismo corrente e aceito, "cultura clássica", tem simplesmente o valor de uma ilusão

> pretensiosa, cujo efeito mais perceptível é a condição de que a própria expressão "cultura clássica" continua subsistindo sem ter perdido contudo o seu tom patético.[4]

Mas o que de fato mais importa à Modernidade não é sustentar uma caricatura do "Clássico" e, sim, promover uma nova tradição – que da Antiguidade carrega os genes da degeneração sem nem mesmo lembrar sua vitalidade anciã –: o humanismo, que tudo moraliza, e em especial as "ciências humanas" e a educação. Os "bons" professores, malgrado sua carga de "boas" intenções, prestam-se a refletir uma *vontade de saber/poder* humanista, doentia, com que se ocupam em "disciplinar" seus alunos para os modos de vida aceitos na *modernidade*: "Foi esse tipo de poder que Foucault chamou de disciplina ou poder disciplinar (*aqui, chamaríamos de educativo ou educacional*). E é importante notar que ela nem é um aparelho (*escola*), nem uma instituição (*ensino*), na medida em que funciona como uma rede que as atravessa sem limitar as suas fronteiras. [...]. Ela é uma técnica, um dispositivo, um mecanismo, um instrumento de poder [...]."[5]

Os professores, estes, não podemos escapar aos *chiqueirinhos* dos "sistemas educacionais" de nossa época, e do local em que estivermos. Se e quando tentamos fugir, já não seremos considerados "bons" pelo vulgo. Pensar a educação só valerá, até hoje, se falar bem do *Homem* e de seu moderno modo de vida. Desde a *Arte* ou a *Ciência*, quaisquer discursos educativos só servem, sempre mais, às finalidades do *Poder*; às justificativas do *Poder*. Quanto à "Filosofia", que um dia emprestou à educação os ares da grave *oratória clássica*, aquela já hoje mal escapa ao descaso geral:

> O pensar sistemático, a reflexão analítica ou a mera justificativa do que se afirma têm, atualmente, e sobretudo na escola, algo de desvalorizado e arcaico. O espaço do

---

[4] NIETZSCHE, F. *Sobre el porvenir de nuestras escuelas*. p. 97-98. Tradução livre do castelhano.

[5] MACHADO, R. *Por uma Genealogia do Poder*. p.xvii, (*notas nossas*).

> pensamento foi substituído por um espaço comum na mídia, produtor de usuários dóceis e espectadores passivos... A intervenção esforçada do pensamento carece da frescura do discurso publicitário ou da vertiginosa imagem do vídeo-clipe. A filosofia não é sedutora em nossos tempos. Pelo contrário parece um estorvo pouco prático. Não nos garante a felicidade ou a solução rápida de nossos problemas, e sim, muitas vezes, costuma colocar novas questões, talvez mais complexas e profundas [...]. E, o que é pior, tudo o que não tenha um lucro imediato termina sendo uma irremediável perda de tempo.[6]

***

Há ainda sempre quem defenda uma definitiva adequação do ensino escolar aos fundamentos "filosóficos" do humanismo como a única sustentação possível para os já fragilizados (mas ainda, e sempre, enfraquecedores – cremos nós) valores morais da tradição humanista. (Muita atenção agora, pois é ao *Homem* que estamos a ouvir!:) "– Para esse tanto, os professores *deveríamos* promover *Bons* valores morais, os mais "elevados", e a sua fundamental compreensão "filosófica"..." Assim sendo, essa "educação" se manteria como um poderoso sistema de disciplinamento moral e político sob uma aparência de criticidade. Ora, tal "educação" seria, pois, conforme a nossa ou outras críticas "nietzscheanas", "foucaultianas" ou "deleuzeanas" como um *sistema de contenção*, da normatização e da normalização do pensamento – como um "condomínio" intelectual e discursivo:

> Em suma, tudo se passa como se tivéssemos uma idéia geral, uma espécie de organograma mental do que vem a ser a educação, seus objetivos, sua natureza, seus funcionamentos, métodos, conteúdos, formas de organização, agentes, etc. Nesse sentido, diz-se que a educação deve

---

[6] CERLETTI; KOHAN. *A filosofia no ensino médio*. p. 45-46.

> desenvolver as potencialidades do indivíduo, deve assegurar a liberdade, a igualdade e a fraternidade entre os homens (educação cidadã) e... formar educandos justos. Tanto o condomínio de que falamos como o mapa que dele traçamos são objetos de uma certa concepção de produção e nos fazem lidar com uma idéia do que vem a ser a produção que lhe é correta.[7]

E num "condomínio" assim como esse não há nem haverá qualquer espaço oficial ou formal para a discussão e o exercício crítico, tanto quanto para a criação intelectual, por mais "bem intencionados" que estejam, "em si", os professores e seus alunos. Trata-se apenas, com um tal *sistema condominial/ educativo*, de completar uma ordenação: a de identificação, reconhecimento e conservação políticas. Nesses âmbitos educativos e institucionais do ensino e da atividade profissional dos educadores não encontraríamos, definitivamente, os espaços mais adequados a uma aproximação entre as críticas política e filosófica e alguma "educação", sem que isso provocasse a paralisia da criticidade teórica, nem o enleamento dos intelectuais envolvidos.

***

Que resta, então, a fazer? Se a "educação" é dominada por valores acríticos (pelo sentido forte que damos à noção de *Crítica*, de uma superação de certa "crítica" humanista), como os professores são formados sob esses valores, para reproduzi-los em noções bem didáticas: "A educação procede geralmente desta maneira: tenta determinar no indivíduo, com o engodo de inúmeras vantagens, maneira de pensar e agir que, tornada finalmente hábito, instinto, paixão, dominará nele e sobre ele."[8]

---

[7] BARRENECHEA, M. *Pensamento nômade*: a leitura deleuziana do aforismo de Nietzsche. p. 122.

[8] NIETZSCHE, F. *A Gaia Ciência*. p. 46.

Diante disso não nos propomos, certamente, a pensar algumas reformas educacionais, a salvar uma *educação salvacionista*, e sim, pecadores, a golpeá-la a pedradas. Nossa proposta, não nos esqueçamos, pretende-se revolucionária. Mas o nome de Revolução está desgastado, roto pelo mau uso acadêmico e politiqueiro, para então, hoje já, ser quase "esquecido"...

> Parece que toda perspectiva revolucionária fracassou. Aparentemente, estamos sob o domínio de um império absoluto, com uma estrutura todo-poderosa, que não deixa nenhum resquício para as diferenças, para as alternativas, muito menos para a dissensão: não há lugar para os rebeldes, para os nômades. [...] *Triunfou a asséptica razão virtual economicista.* Triunfo da abstração anônima e sem sangue. Aliou-se o despotismo automático do computador ao controle dos homens de negócios. Nesta combinação entre virtualidade e economia, aconteceu um monumental processo de atomização, de pulverização e invisibilidade no exercício do poder. [...] Esse império universal não precisa de tropas, soldados, torturas, corpos mutilados, como outrora. O fluxo econômico não precisa da terra, dos homens, das intensidades, só necessitam de computadores interligados, apostando... continuamente apostando. Neste universo espectral já não existe nem a referência às trocas econômicas. O mercado já não mais alude a um lugar, a uma praça, a homens levando os seus produtos, nem sequer há moedas. Só há virtuais intenções de troca. Promessas de troca.[9]

Temos, então, de esclarecer o termo/noção Revolução: uma noção expressa pelo termo Revolução, para ser coerente com a radicalidade e a agressividade que dele se pressupõe, e para se ser adequado a um *exercício crítico* de iguais características (como o que aqui intentamos), terá de se opor às idéias de reforma, por um

---

[9] BARRECHENEA, M. *Pensamento nômade*: a leitura deleuziana do aforismo de Nietzsche. p. 112.

lado, e de diálogo, por outro. Trata-se, conseqüentemente, da expressão de uma diferenciação e de uma contrariedade, bem como da propugnação de uma viragem no "sistema", que sofre seu ataque, em favor do conjunto relacional que contivesse aquilo que fosse um diferente-contrário desse "sistema". Tratemos nós, enfim, de arrancar o termo "revolução" de diante de complexos de idéias metafísicas recalcadas, que se fixam na contemplação e na espera, para ressalvar e ressaltar uma noção vital e ativa – radical, anti-intelectualista e violenta – de Revolução.

***

O "sistema" que aqui atacamos é o da moderna *educação* ético-humanista; o diferente-contrário é de uma perspectiva estudantil, que quisesse criticar a "educação" instituída nessa sociedade, a nossa: capitalista, repressora e de consumo burguês. A viragem que propugnamos é em relação a esta consideração fundamental: a de que se ensina aos homens concretos como imitar o *dever-vir-a-ser* do *Homem* abstrato; pois recusamos o *Homem*, sob qualquer subterfúgio. Nossa sociedade surge e se estabelece em diferenças, e, nela, uns contrários se submetem aos outros, negando-lhes aquelas suas condições concretas, e afirmando uma identidade humana abstrata; pois nos recusamos assumir essa perspectiva universalizante, que nega a concretude vital de nossas mundanas condições. Se essas nossas "recusas" se traduzirem em ação, ainda que em ação discursiva, parece-nos, então, que agimos em favor de uma proposta educacional revolucionária.

"A ação é tudo" – pensou/escreveu Nietzsche, ao fazer sua *Genealogia da Moral*: Mas o que isso quer significar?:

> Clara reação à metafísica aristotélica, uma das influências básicas da filosofia ocidental, para a qual todo ato tem um fundamento, uma causa. Para Nietzsche, há apenas o ato e seus efeitos, sem causa ou 'desculpa' sobre a qual se assentar. Mais que isso: a ilusão da causa, do fundamento, pode ser inibidora da própria ação.

> De modo que, no caso de uma visão fundacionista da educação, a filosofia (ou qualquer das "ciências da educação"), mais do que um sólido pilar a sustentar a possibilidade do ato educativo, acaba por mostrar-se como um empecilho, uma trava a impedir que, de fato, o ato educativo se dê.[10]

Mas, que revolucionária ação seria essa, a que pretendemos? Será possível? Será útil (e para quê)? Será desejável (e para quem)? E de que vale ainda o uso desse termo/noção – Revolução – que já foi tanto (ab)usado, até por um... Paulo Freire? Ora, vale, sim, pelo seu significado, se rigorosamente considerado. Mas, se "manipulado" por uma "má-consciência" humanista, trata-se, então, de um abuso de linguagem, que traduz uma exigência cultural e histórica – a necessidade burguesa e moderna de dominar, de tornar caseiro e familiar todo pensamento e o "conhecimento" tais que propusessem uma ação social a partir do reconhecimento, do entendimento e da afirmação das diferenças em sociedade. Noutras palavras, a necessidade de justificar a sujeição "moral e cívica", o que faz bater rápidos os *corações* do "rebanho", como se fossem um só.

Entendemos, aqui, a Revolução em termos culturais, relacionados diretamente com a política. Em cultura, revolucionário seria algum violento salto das formas de vida social-intelectuais (as que nos interessam aqui são as do ensino/aprendizagem e estudo), na direção de uma promoção daquelas negações/propostas as quais uma *crítica teorética* já tivesse elaborado e experimentado, ainda que nos limites da vida cultural de uma sociedade – tencionando-se mesmo esses limites, e ameaçando-se rompê-los, até. [Para essa gostosa *deseducação*, alguns dos nossos referenciais teórico-conceituais de aqui, entre tantos que sugerimos, seriam uns "bons exemplos" dessa tensão crítica: pela comparação das manifestações históricas de decadência – para a

---

[10] GALLO, S. *Filosofia e educação*: pistas para um diálogo transversal. p. 283.

denúncia de nossa própria época ou a crítica à versão "dialética" do humanismo *marxiano*, como feita por um Paulo Freire, como "sistema" da hodierna decadência cultural.]

Se essa prática teórico-política seria possível... bem, é o que estamos tentando mostrar: que podemos promover um *front* de enfrentamento com a *educação moderna*, conservadora e "caduca", propondo o estabelecimento de ligações entre uma rigorosa epistemologia da Pedagogia (pela qual ainda esperamos) com uma *Filosofia (do Ensino e) da Educação*, crítica e radical, e com a defesa de um novo e diferente referencial teórico-conceitual que transpasse e enrede a formação dos profissionais da educação – pedagogos, professores – e que entenda e "realize" não apenas a *Nietzsche* e *Foucault*, mas também, e muito a Marx (de jovem a mais velho), e a Freud. E a *Deleuze*, "Wittgenstein II", L. Althusser, H. Marcuse, J-F. Lyotard... e mesmo um pouco, um bem pouquinho de S. Kierkegaard, M. Heidegger ou J-P. Sartre até; vale dizer, não os nomes da festa humanista de sempre, mas aqueles que, sentindo-se culpados ou não, jogaram uma ou mais pedras no *Homem*.

Se essa Revolução seria útil ou desejável? Depende da perspectiva adotada. Pensamos que seja útil, a uma saudável e profícua relação entre a *Filosofia* e a *Educação*, livrando a "Filosofia" da sua tradicional carga metafísica, de justificar e defender a "educação moderna" – carga que a própria Filosofia Acadêmica já vem rejeitando de alguma maneira, da maneira pedante da Academia, recusando espaço à *Filosofia da Educação* e relegando-a assim ao papel de um simples figurante na formação de pedagogos e professores... ou, se tanto, o papel de um coadjuvante com maquilagem de "estrela". Pensamos também que seja desejável, principalmente pelos estudantes que, se porventura, aprazem em estudar e aprender "Filosofia" ou quaisquer ciências, "sociais" ou "naturais"; mas desejável também pelos professores, os que ainda recusarem a função de "cães de guarda" do sistema político-educacional, e se pretendem filósofos ou cientistas, pesquisadores ou (a sério) intelectuais.

* * *

Mas não seria essa tal Revolução feita de novas proposições instituintes, que obrigassem *apenas* (?) a uma renovação das determinações culturais do pensar? E se fosse? O que esperar mais da ação, além disso mesmo? Hesitar em nome de uma dúvida semi-*cartesiana*, com tímidas mas teimosas mostras de temor pelos resultados da ação, é exatamente essa a atitude intelectual e política que aqui estamos a criticar e criticar. Afinal, se e quando nos movimentamos para fora de um "sistema" (político, cultural, econômico), arrebentando suas limitações, não teremos como saber como seriam nossas novas relações com o meio que encontraríamos *lá fora*.

Esperar prever a finalidade e o termo, determinar idealmente isso tudo é somente uma perspectiva utópica a mais, e a mais contra-revolucionária: obscurantismo covarde travestido em *luzes* de equilíbrio e esclarecimento. Quanto ao *lá fora* do "sistema", bem, sempre é possível que tenhamos outras novas limitações a arrebentar... mas, o quê? Pensávamos, talvez, em justificar um tipo de "ação" que nos levasse à estática? Isso, porém, seria como que um *drama de ação*, e não uma concreta e efetiva *ação revolucionária*! Não deixemos jamais que os humanistas nos confundam com suas confusões. *Amor fati* da luta, de nossa *deseducação* e *reeducação* na luta.

* * *

Um certo presidente brasileiro, intelectual acadêmico e déspota esclarecido, disse à imprensa, certa feita, que professores são aqueles que "são incompetentes para fazer outra coisa" (como governar o Estado Burguês, por exemplo). Mas, e se ele tivesse *alguma razão*? Para que uma indignação forçada pelo dito, quando nos aquietamos diante do feito? O fato é que os professores, nós costumamos temer o novo, a pesquisa, o diferente, a polêmica ou a discussão crítica ou apenas analítica. Não levamos a sério a educação, o pensamento, a nós mesmos; e ainda *vivemos* a "ensinar e educar" – o mesmo de sempre acerca do mesmo, e de mau humor....

Antes, mesmo, fôssemos como o velho e sábio Sócrates! Nem isso; preocupados com a formação dos homens nas "forma" *Homem*, os "filósofos" e "cientistas" humanistas pensam, metafísica e "religiosamente", a educação. Mas desde quando poderiam, mesmo com toda a sua autoridade, nos proibir que pensássemos uma *transformação*?

> Pensar a educação enquanto transformação significa privilegiar a irrupção do novo frente à conservação do velho, o acaso da liberdade frente à segurança do estado de coisas dominante, a experiência inédita à prática da normalização ou controle. Bem, esse deslizamento da formação à transformação não é uma decisão filosófica mas uma aposta política no interior da educação, que a filosofia deverá conceitualizar. Se filosofia é inventar conceitos, como sustentava Deleuze, terá então que pensar a novidade do estado de coisas, com novos conceitos e extrair as conseqüências que isso acarreta.[11]

Há mesmo uma tendência psicológica à estática, ao reforço da identidade e da auto-identificação docente. Pior, busca-se a salvação do *Professor*, do educador humano e humanizante, do *Homem* na educação. Foi o que vimos com Freire. Pior ainda, a crença nessa salvação como se fosse – perdoem o mau uso da palavra – algo de (horror!) "revolucionário". (Nesse caso, *Revolução* é igual a "Reação".)

Mas revolucionário, porém, seria antes a desconstituição da identidade do *Professor*, a destruição do sujeito-ensinador/facilitador do acesso à *Verdade*, a ênfase na perspectiva e no discurso estudantil em detrimento da "liturgia" docente – ainda que edulcorada e confeitada com idéias de emancipação e libertação,

[11] CERLETTI, A. *Filosofia/Educação*: os desafios políticos de uma relação complicada. p. 20-21.

idéias que entendemos vagas e vácuas – ficções inúteis. "Onde ficam, então, na atualidade, diante deste panorama desolador, as possibilidades revolucionárias do aforismo, do pensamento nômade? Estarão completamente aniquilados? Será que a eliminação do horizonte permeia o reino absoluto do mesmo através do mesmo? Será que tudo é o mesmo, ou pior: tudo dá no mesmo?"[12] Nós outros queremos mesmo crer que não: até num trabalho "acadêmico" como este, em tensionando-nos e às nossas oportunas referências teóricas de aqui, poderemos vir a rasgar espaços alguns para, ao menos, criticarmos as velhas prisões do "espírito" mantidas pela atual educação.

* * *

Há, agora, dois problemas que aqui se apresentam, para ser solucionados por nós, nós que aqui intentamos um discurso a serviço da ação: o de como levar a *crítica filosófica* até a educação – impulsionados como numa "política revolucionária" em/para a educação – e o de como não fechar essa crítica numa nova *doutrina fundacionista*. Serão problemas, porém, apenas para nós mesmos, quando pensamos "educação" desde uma perspectiva já crítica, ativa e revolucionária – e foi para isso, e por isso só, que nos apoiamos em Nietzsche e Foucault, como "ceifadores" da cultura, que o são.

Reportamo-nos, então, à formação dos profissionais em educação e para o ensino; quaisquer, e também os de "filosofia". Esses, não serão sempre estudantes. Poderíamos talvez esperar, no entanto, que quando os professores, continuassem a pensar e agir como outros, como estudantes – sem apelarmos, a um sincretismo como o freireano, em que as diferenças se anulam na humanidade de um e outros? Pensamos que a *Filosofia* (*do Ensino e*) *da Educação* mais atualizada, com suas críticas ao conservadorismo do pragmatismo educacional ou com suas

[12] BARRENECHEA, M. *Pensamento nômade*: a leitura deleuziana do aforismo de Nietzsche. p. 114.

análises "pós-estruturalistas" da educação – a partir de Foucault ou Deleuze, e de certo encontro com Nietzsche, recentíssimo – têm apontado a viabilidade desses caminhos. Deles nos servirem, de sua eventual "necessidade", só a imprevisível e até duvidosa demanda intelectual dos estudantes e professores determinará... mas podemos defendê-los, esses caminhos, e explorá-los, como aqui.

Trata-se, pois, de assumir uma perspectiva antipedagógica – "infantil", portanto destrutiva/criativa:

> A criança abre um devir que não é senão o espaço de uma liberdade sem garantias, de uma liberdade que não se sustenta mais sobre nada, de uma liberdade trágica, de uma liberdade que não pertence à história mas que inaugura um novo começo, de uma liberdade liberada. Sob o signo da criança, a liberdade não é outra coisa senão a abertura de um porvir que não está determinado nem por nosso saber, nem por nosso poder, nem por nossa vontade, que não depende de nós mesmos, que não está determinado pelo que somos, mas que se indetermina no que vimos a ser. A liberdade é a experiência da novidade, da transgressão, do ir além do que somos, da invenção de novas possibilidades de vida. [13]

Importa, destarte, que os professores se recriem em suas atividades, passando de intelectuais da reprodução cultural para intelectuais da crítica efetiva e radical. Para tanto, haveríamos de convencê-los desde sua formação e em sua atuação profissional. A nossa *Filosofia (do Ensino e) da Educação* teria, pois, que se converter num espaço de gládio criativo permanente, de agitação político-cultural e de ação de divulgação teórica do que há de mais atual e radical na "Filosofia (Pós-) Moderna". "Não buscaríamos origens mesmo perdidas ou rasuradas, mas pegaríamos as coisas onde elas crescem, pelo meio: rachar as coisas, rachar as palavras. Não buscaríamos o eterno, ainda que

---

[13] LARROSA, J. *Nietzsche e a educação*. p. 117.

fosse a eternidade do tempo, mas a formação do novo, a emergência ou o que Foucault chamou de 'a atualidade'. [...] (embora Nietzsche o tenha chamado de o inatual)."[14]

Formar professores, e professores para licenciandos/professores, que se envergonhem de sê-lo, de ser *sujeito-professor*, que desejem o novo como um *Estudante* anseia pela palestra de um *respeitável mestre*, que conversem entre si como alunos animados, vivos, sensuais, eis uma tarefa enobrecedora por si:

> E é uma conquista de 68 (*das rebeliões estudantis de 1968*): que as pessoas falem em seu próprio nome. E isso vale também para o intelectual: Foucault dizia que o intelectual deixou de ser universal para tornar-se específico, ou seja, não fala mais em nome de valores universais, mas em nome de sua própria competência e situação (para Foucault essa mudança se deu no momento em que os físicos se voltaram contra a bomba atômica).[15]

(Já em educação, isso da mudança dar-se-ia com os professores voltando-se contra as escolas.)

Essa "conquista" intelectual é que precisaríamos defender na formação de professores e no ensino, e na educação em geral; essa seria uma das principais funções dos *intelectuais revolucionários* em educação – cuidar de si mesmos mais do que dos outros... meter-se em suas próprias vidas, vivê-las, lutar suas próprias lutas – as que "escolherem" para si. Se essas forem também as dos alunos, tanto melhor para os professores: poderiam, quiçá, estar rejuvenescendo, numa ação intelectual e política *finalmente* revolucionárias.

> O que significa então falar em seu próprio nome e não pelos outros? Evidentemente não se trata de cada um ter sua hora da verdade, nem se escrever suas Memórias ou fazer sua psicanálise: não é falar na primeira pessoa do singular. É

[14] DELEUZE, G. *Rachar as coisas, rachar as palavras.* p. 109.

[15] DELEUZE, G. Idem. p. 110.

> nomear as potências impessoais, físicas e mentais que enfrentamos e combatemos quando tentamos atingir um objetivo, e só tomamos consciência do objetivo em meio ao combate. Neste sentido, o próprio Ser é político. [16]

***

Foi por isso tudo, e assim, que chegamos a nos apoiar em Nietzsche – crítico da cultura moderna, e através dela, e por essa crítica até, um *atualíssimo referencial* teórico-crítico em *Filosofia* –, com auxílio do qual pensamos aquela tal "educação ético-humanista":

> A crítica da modernidade envolve, [...] para Nietzsche, uma crítica das idéias e das instituições "modernas"; a democracia, o liberalismo, o humanismo, a "liberdade", a verdade, a igualdade, o casamento moderno, a ciência e a educação modernas. A crítica da modernidade envolve, acima de tudo, e de forma crucial, uma crítica da filosofia moderna que se baseia nesses conceitos e em seu respeito por instituições fundadoras. Em oposição à filosofia moderna, Nietzsche defende uma superação dos conceitos de "vontade" e de "alma" e, ao final, da moralidade que essas noções pressupõem. [17]

A crítica nietzscheana, julgamos tê-lo visto e mostrado em algo, serve bem como ferramental por se manejar, numa obra que poderia ser posta em construção: em soterrada a *moral* e a "ética humanista" em educação, terraplenado aquele deprimido terreno, daí poderíamos elaborar uma epistemologia da Pedagogia, para uma Pedagogia científico-tecnológica útil e eficaz, e, principalmente, uma *Filosofia (do Ensino e) da Educação* que não se resumisse à primeira (a epistemologia) e menos ainda se confundisse com a segunda (a Pedagogia). (Essa epistemologia teria, pois, uma função meramente operacional e instrumental, a qual

---

[16] DELEUZE, G. *Rachar as coisas, rachar as palavras*. p. 111.

[17] PETERS, M. *Pós-estruturalismo e filosofia da diferença*. p. 65-66.

deveria sempre ser a sua função, de modo que a *razão cientificista* não retomasse um lugar indevido na nossa cultura.) Como, e com quem, talvez? (Pois ainda há como se abusar d*Ele*, mais um pouquinho:)

> Nietzsche, crítico e anunciador da opacidade contemporânea, deixa aberta, [...] uma fissura, uma janela sutil, para a ação do pensamento nômade, da razão alternativa. [*filocientífica e anticientificista, talvez*] Há alguns motivos para esperar o inusitado. Mas qual seria, de onde viria essa espécie de nova luz, de felicidade, de alívio, de serenidade, de aurora, se tudo é o mesmo, tudo é virtual, tudo é econômico, tudo é capital que se gira? Se o horizonte foi eliminado, como se produziria a reviravolta dos nômades, dos andarilhos? De onde virá essa nova aurora? [18]

Não deveríamos, todavia, propor-nos algo mais que a uma contribuição à discussão criativa. E não o fizemos aqui. Algo a mais, e já estaríamos cumprindo o famigerado desígnio que tem cabido aos professores: o papel de coro no dramalhão da cultura moderna, o papel de ditar as regras, e de cantar loas ao "saber" *dever-vir-a-ser*.

> O papel de um intelectual não é dizer aos outros o que eles têm que fazer. Com que direito ele o faria? [...] O trabalho de um intelectual não é modelar a vontade política dos outros; é, através das análises que ele faz nos domínios que são seus, reinterrogar as evidências e os postulados, sacudir os hábitos, as maneiras de fazer e de pensar, dissipar as familiaridades aceitas, retomar a medida das regras e das instituições e a partir desta reproblematização (onde ele desempenha seu papel específico de intelectual) participar da formação de uma vontade política. [19]

Para tanto, para se cumprir uma decisão revolucionária, como "intelectual", e para se cumpri-la como estudantes (ou,

---

[18] BARRENECHEA, M. *Pensamento nômade*: a leitura deleuziana do aforismo de Nietzsche. p. 114, *grifos nossos*.

[19] FOUCAULT, M. *O cuidado com a verdade*. p. 83.

se professores, traindo nosso estamento), faz-se mister falar mal, outra vez, do nosso recorrente *Homem*, e da cordial "educação ético-humanista", tradição muito nossa, *euro-luso*/"*tupiniquim*":

> O nosso sistema de educação data do século XIX e vemos ainda reinar nele a psicologia mais insípida, o humanismo mais obsoleto, as categorias do gosto, do coração humano [...] a culpa é da organização do ensino.
>
> O humanismo é que é abstrato! Todos esses gritos do coração, todas essas reivindicações da pessoa humana, da existência, são abstratas, quer dizer, separadas do mundo científico e técnico, que, esse sim, é o nosso mundo real. [...] Quem ousaria dizer mal do homem!
>
> Os escritores que nos agradam mais, a nós, "frios" sistemáticos, são Sade e Nietzsche, que, com efeito, diziam "mal do homem". Não eram eles também os escritores mais apaixonados? [20]

[Não deixaríamos, contudo, de acrescentar, aos antropofágicos nomes lembrados por Foucault, também os de Marx e Freud, que listamos desde que considerados em suas saudáveis distinções mútuas – (e só (?!) por sua beleza, os de *Charles Baudelaire* e (insistimos!) de *Georges Sorel*[21]); nomes esses, aliás, dos quais Deleuze mesmo nos lembraria, em seu costumeiro maneirismo:]

---

[20] FOUCAULT, M. *Entrevista em La Quinzaine Littéraire.* p. 35-36.

[21] [Raça de caim, sobe ao céu [E arremessa à terra o Senhor!] BAUDELAIRE, C. *Abel e Caim*, últimos versos.

"As teorias (*socialistas ou revolucionárias*) têm nascido da reflexão burguesa; apresentam-se, ademais, como aperfeiçoamentos de filosofias éticas ou históricas, elaboradas em uma sociedade que chegou, desde a muito, aos graus mais altos de intelectualismo; estas teorias nascem, pois, já velhas e decrépitas. [...] De superior a todas as fórmulas: a saber, que a luta de classes é o alfa e o ômega do socialismo; que não é (*o socialismo revolucionário*) um conceito sociológico para o uso dos sábios, mas o aspecto ideológico de uma guerra social empreendida pelo proletariado contra todos os chefes de indústria." SOREL, G. *El sindicalismo revolucionario.* p.18. Tradução livre do castelhano (*notas nossas*).

> Deleuze compara Nietzsche com outros dois autores, também celebrados pela radicalidade e virulência, pelo seu perfil revolucionário: Freud e Marx. [...] Freud e Marx estariam, ainda, inseridos na tradição do pensamento ocidental, representam a aurora da nossa cultura. Já Nietzsche é *outra coisa*: é *a aurora de uma contracultura*, seu pensamento não se enquadra em nenhuma das formas conhecidas, pois ele realiza uma decodificação absoluta de todas as instituições.[22]

* * *

Ao intelectual revolucionário, principalmente ao *Professor* que descesse da cátedra e fosse ter com seus alunos, que se torna-se "Estudante" de novo e em diante, a esses restaria-nos participar da formação de uma *vontade de potência* político-cultural que falasse aos homens, que falasse mal do *Homem*. Os professores que nos perdoem, mas nessa perspectiva só o seu suicídio intelectual nos satisfaria. Ou, como a nós, a Nietzsche: "Amo os infelizes que *se envergonham*, que não derramam os seus penicos cheios de miséria na rua; aqueles aos quais restou tanto bom gosto no coração e na língua para dizerem 'é preciso resguardar honradamente a própria infelicidade, é preciso escondê-la'..."[23]

> Embora o momento seja niilista, haverá um amanhã, ainda recôndito, imprevisível: uma nova aurora. Nietzsche alude a uma nova idade trágica, em que será ultrapassada a tradição milenar e antinatural, que ofendeu os mais profundos instintos vitais. Este movimento afirmará novos valores: terrenos, corporais, como fórmula para o regresso da humanidade a si própria. Após grandes demolições, grandes declínios – como disse o desvairado –, o horizonte nos parecerá novamente "livre" e o "mar",

[22] BARRENECHEA, M. *Pensamento nômade*: a leitura deleuziana do aforismo de Nietzsche. p. 105.

[23] NIETZSCHE, F. *Fragmentos finais*. p. 36.

> *nosso* grande mar abre-se novamente diante de nós e talvez nunca tenha havido um mar tão "pleno". [24]

Lançar-se, enfim, à perigosa imensidão oceânica do desconhecido realizável. Arriscar-se, correr os riscos, aventurar-se, desprezar o medo ao *Poder* e ao seu *Saber*:

> Não é sem razão que a palavra *aventura* exerce um fascínio tão grande sobre as pessoas: ela nos remete a um universo desconhecido, misterioso, uma espécie de espaço-tempo do qual não detemos as chaves de decifração. Ela nos faz penetrar num mundo estranho e inusitado, cuja atmosfera e cujos seres e elementos podem confundir, invertendo e transmutando, aquilo que conhecemos. Mundo esse que virtualmente nos abre a experiências inteiramente diversas das que costumeiramente compartilhamos com os outros em nosso cotidiano. Aventurar-se no processo de produção para dar lugar a um devir-outro. [25]

Haveria que se promover algumas atitudes, e até mesmo alguns procedimentos de liberação intelectual, que se conjugassem a processos críticos como nosso esse cujo início, apenas, aqui estamos a propor, quando partimos das possibilidades de uma crítica filosófica tal , a qual ensaiamos desde antes. "É normal que a filosofia moderna, que levou muito longe a crítica da representação, recuse qualquer tentativa de falar no lugar dos outros. Cada vez que se ouve: ninguém pode negar..., todo mundo há de reconhecer que..., sabemos que vem uma mentira ou um *slogan*."[26] Haveria, também, que se pensar a educação de outra maneira: não mais para elevá-la a uma altura transcendente, mas para se perguntar sobre os serviços que ela nos pode prestar:

---

[24] BARRENECHEA, M. *Pensamento nômade*: a leitura deleuziana do aforismo de Nietzsche. p. 116.

[25] Idem. p. 129.

[26] DELEUZE, G. *Rachar as coisas, rachar as palavras*. p. 110.

> Enquanto os que protestam, de olhos apontados para efetivas transformações futuras no campo educacional, batem e rebatem na tecla de uma escola cidadã, articulando e concentrando ações conscientizadoras e pressões no plano legal e institucional, que outras movimentações, vindas de outros lugares acionados por setores minoritários [...], descortinam novos horizontes, práticas e saberes? Que outras iniciativas atuam de modo a recolocar ou deslocar problemas e sugerir novas soluções para eles, produzindo acelerações irreversíveis? E ainda, no que acompanhamos, cartografando, esses delineamentos originais, que estatuto atribuir às *máquinas de guerra* que eles engendram?[27]

* * *

Novos e diferenciados problemas reclamam e promovem outras soluções, que não aquelas a que estamos acostumados, ou às quais nos querem acostumar. Contra essa cultura do instituído em educação, poderíamos começar, talvez, oferecendo a maior resistência possível à formulação e implantação de "currículos humanistas", principalmente nas licenciaturas; para depois, em seguida, darmos batalhas e mais batalhas (desde dentro mesmo das próprias instituições de ensino em que trabalhamos), para se reformularem os currículos dos nossos cursos, "seguindo-se" algumas proposições, assim como estas – bem gerais, e talvez, por isso mesmo, algo eficazes:

> 1) Restringir as disciplinas técnico-didáticas ao mínimo, e delas cobrar, avaros, apenas a funcionalidade prometida – pois o grande problema educacional não seria o de como ensinar melhor, mas, insistimos, o de como (nos) *deseducarmos* de tudo da cultura burguesa;
>
> 2) Promover as disciplinas de *Teoria* e *Crítica* da *cultura,* do *conhecimento* e da *educação*, principalmente as *epistemologias*

[27] BARRENECHEA, M. *Pensamento nômade*: a leitura deleuziana do aforismo de Nietzsche. p. 130.

específicas – especialmente das *ciências* "humanas" e *sociais*, pela sua relevância no ensino e na política educacional –, além das *ciências da educação*;

3) Restringir as disciplinas historiográficas ao mínimo e destas, com muita suspeita, cobrar apenas as informações devidas;

4) Eliminar dos currículos, dos seus ementários mesmos, a presença de quaisquer propostas que, meramente, servissem à exclusiva doutrinação metafísica/*religiosa*;

5) E, além disso tudo, promover espaços e tempos curriculares, com a previsão e a operacionalização de estudos e pesquisa crítico-criativos, acerca da educação, do ensino e da formação de professores (evitando rigorosamente uma mera apologia moralista da educação).

Nesse ínterim, em consonância e nos mesmos lugares, e em quaisquer circunstâncias, teríamos de reorganizar as relações professor-professor e professor/aluno, criando e mantendo outros espaços para a discussão e a polêmica intelectuais, que não os das salas de aulas, e que cobrissem desde as questões teóricas mais amplas e complexas, até as questões das práticas políticas e das demais relações sociais. Para tanto, as iniciativas deveriam partir dos professores, abandonando sua/nossa condição de *oficiais da justa educação* ou de *bedéis do dogma humanista* – mas sem cair numa "tentadora" subcondição cordial e fraternal de "amigos-dos-alunos". As relações podem e teriam de manter-se profissionais; o que seria preciso mudar é, exatamente, a profissão: da de *Professor* para a estudantes, que estudassem em coletivos intelectuais – *territórios libertados* do "colonialismo" cultural burguês-capitalista. Antes mesmo de tudo, valeria lembrar que cada "um" já são muitos... e muitos: como uma rede de desejos, interesses e necessidades concretas – e oxalá algumas (sempre possíveis e desejáveis) pulsões-atitudes bastante "explosivas".

Mas principalmente, poderíamos tentar supervalorizar os espaços extra-aulas, e de preferência fora das escolas: descobri-los, inventá-los, construí-los, com alegria e crueldade, principalmente crueldade, e principalmente a nós mesmos dirigida. Endurecer-nos a nós e aos outros, reeducar-nos na crítica (e com os outros também nos auto-educarmos): valer-nos das instituições apenas como parasitas, e devorá-las e digeri-las; sobreviver (e sobreviver já não é pouco...) até no cadáver do humanismo, abater e esquartejar o *Homem* e enterrar, bem escondidos, os seus nauseantes despojos; criar um outro mundo, não a partir da educação e *dela-para-ela*, mas... *também com ela.*

Promover, assim, o pensamento, superando-nos: dessa condição de professores, em coletivos "educacionais" transformadores; isso tudo, queremos crer, é possível; depende, no mais, de agitação, organização e de vontade – e isso, apenas, já seria algo de minimamente revolucionário em educação e no ensino (e possível, até, em algumas poucas escolas, em que fôssemos uma "maioria"), e num pensamento novo e atual, mas diferenciado... a serviço da ação:

> Pensar é uma *enésima* potência do pensamento. E deve ser elevado a esta potência para que se converta em algo "ágil", "afirmativo", "dançante". E jamais alcançará esta potência se algumas forças não exercem sobre ele uma violência. Deve-se exercer uma violência sobre ele enquanto pensamento, um poder deve *obrigá-lo a pensar*, deve lançá-lo para um devenir-ativo. Esta coação, este adestramento, é o que Nietzsche chama "Cultura". A cultura, segundo Nietzsche, é essencialmente adestramento e seleção. Expressa a violência das forças que se apoderam do pensamento para fazer dele algo ativo, afirmativo. Somente se entenderá este conceito de cultura se captam todas as formas em que se opõe ao método. O método supõe sempre uma boa vontade de pensador, "uma decisão premeditada". A cultura, ao contrario, é uma violência sofrida pelo pensamento sob a ação de forças seletivas, um adestramento que põe em jogo todo o inconsciente do pensador. Os gregos não falavam de método, mas de *paideia*; sabiam que o pensamento não pensa a partir de una boa

> vontade, mas em virtude de forças que se exercem sobre ele para obrigá-lo a pensar. [28]

Daí então, de um movimento de pensamento, de um pensamento em/da ação, a possibilidade de apoio a um movimento de ação política, e político-revolucionária, não *utópico*, mas propositivo – de um "mito" motivador e mobilizador para a ação – de uma perspectiva no horizonte histórico, que grite às nossas necessidades e excite nossas paixões, que provoque e "oriente", e organize a ação:

> E, caso algum dia, alguma hora, num desses condomínios educacionais, acontecer algo de um aluno qualquer gritar a plenos pulmões, em sala de aula: "Um pouco de possível, senão eu sufoco!", e caso seu professor o repreenda ou tente constrangê-lo com ironias ou com uma daquelas interpretações psicológicas rasteiras que causavam tanto horror a Nietzsche; pois bem, que esse aluno, serenamente, possa responder: "Mas o que sabe você de mim, uma vez que eu acredito no segredo – quer dizer, na potência do falso – mais do que nos relatos que revelam uma deplorável crença na exatidão e na verdade?" Eis, pois, justo um educando. [29]

É o que ainda queremos ouvir, e se for numa de nossas aulas, tanto pior para nós mesmos. Seria a prova de que ficamos velhos, e que os outros podem/querem/devem, já, nos ultrapassar; que esses outros tem, até, uma obrigação vital: a de nos atropelar. Educar, de bom, só pode ter isso: de se poder encorajar, e até ensinar a vencer o *envelhecido caduco*, o sujeitante, o "opressor" – e nunca, jamais, ouví-lo (oprimidos), perdoá-lo ou trazê-lo até nós... para um diálogo qualquer. Avançar é afastar-se dos "velhos", não esperá-los.

---

[28] DELEUZE, G. *Nietzsche y la filosofia*. p. 152-153. Tradução livre do castelhano.

[29] BARRENECHEA, M. *Pensamento nômade*: a leitura deleuziana do aforismo de Nietzsche. p. 131.

***

Uma farsa de "Clássico" – o ensino humanista moralizante; ou a instituição de uma "tradição moderna" – o ensino científico humanista; nenhuma dessas possibilidades nos interessaria. São sintomas de decadência histórica: a *economia*, a *política* e a *cultura modernas* friccionaram-se e aqueceram-se já até os seus limites. Salvar esta nossa sociedade, reproduzi-la em alguma educação, isto é minimamente um desserviço à vida social, à saúde e à beleza sublime da natureza e do mundo dos homens. Agir, porém, contra essa educação moderna, contra a "atualidade" da educação humanista, é viver em favor da vida. Estudar para isso, ensinar isso, defender esse posicionamento filosófico e político, e defendê-lo até mesmo lá de dentro das escolas, dentre alunos, como estudantes nós todos, eis o que ainda nos valeria fazer, todos os colegas educadores. Soltar-nos e ajudar a liberar outros "intelectuais" e "professores", para que possamos, juntos e singularmente, melhor aprender a canibalizar os obesos, saturados discursos humanistas. E se não for mesmo possível uma educação sem o confusionismo do moralismo metafísico humanista, aí, então, teríamos até de prescindir da educação.

Isso, assim, seria (será?) *novo* e *diferente*, *contrário* e *agressivo*. Novíssimo discurso, antes ação do que discurso – e ação destrutiva/criativa, a mais sublime...

Morte ao triste e velho, mesmo ao *bom velhinho*, nórdico ou tropical: essa seria uma máxima que poderíamos riscar nos quadros de avisos das salas de professores.

Referências

I. NIETZSCHE E FOUCAULT/(DELEUZE) E COMENTADORES:

BRUM, J.: *Nietzsche*: as artes do intelecto. Porto Alegre: L&PM, 1986.

BARRENECHEA, M. Pensamento nômade: a leitura deleuziana do aforismo de Nietzsche. In: COSTA, S.; LINS, D.; VERAS, A. (Org.) *Nietzsche e Deleuze*: intensidade e paixão. Rio de Janeiro: Relume Dumará, 2000.

COSTA, S. Esquizo ou da educação: Deleuze educador virtual. In: ——, LINS, D.; VERAS, A. (Org.) *Nietzsche e Deleuze*: intensidade e paixão. Rio de Janeiro: Relume Dumará, 2000.

DELEUZE, G. Carta a um crítico severo. In: *Conversações*. São Paulo: Editora 34, 2000.

———. *Nietzsche y la filosofía*. Barcelona: Anagrama, 1993.

———. Pensamento nômade. In: MARTON, S. (Org.) *Nietzsche hoje?* São Paulo: Brasiliense, 1985.

———. Rachar as coisas, rachar as palavras. In: *Conversações*. São Paulo: Editora 34, 2000.

———. Um retrato de Foucault. In: *Conversações*. São Paulo: Editora 34, 2000.

———. Sobre a morte do homem e o super-homem. In: *Foucault*. São Paulo: Brasiliense, 1995.

FOUCAULT, M. As ciências humanas (Cap. X de *As Palavras e as Coisas*: Portugália Editora). In: COELHO, E. (Org.) *Estruturalismo*: *antologia de textos teóricos*. Lisboa: Portugália, s/d.

———. (& Ewald, F. – Entrevistador): O cuidado com a verdade. In: ESCOBAR, C. *Michel Foucault*: Dossier. Rio de Janeiro: Taurus, 1984.

———. "Entrevista em *La Quinzaine Littéraire*". In: COELHO, E. (Org.) *Estruturalismo*: *antologia de textos teóricos*. Lisboa: Portugália, s/d.

———. Nietzsche, a genealogia e a história. In: FOUCAULT (& *Roberto Machado* – Org.) *Microfísica do poder*. Rio de Janeiro: Graal, 1995.

———. Nietzsche, Freud e Marx. In: *Um diálogo sobre os prazeres do sexo*. São Paulo: Landy, 2000.

———. *A ordem do discurso*. São Paulo: Loyola, 2000.

HALÉVY, D. *Nietzsche*: uma biografia. Rio de Janeiro: Campus, 1989.

LARROSA, J. *Nietzsche & a Educação*. Belo Horizonte: Autêntica, 2002.

LEBRUN, G. Por que ler Nietzsche, hoje? In: *Passeios ao léu*. São Paulo: Brasiliense, 1983.

MACHADO, R. Por uma genealogia do poder: introdução à microfísica do poder. In: FOUCAULT, M. (Roberto Machado – Org.) *Microfísica do poder*. Rio de Janeiro: Graal, 1995.

———. *Nietzsche e a verdade*. Rio de Janeiro: Rocco, 1984.

NIETZSCHE, F. *Além do bem e do mal*. São Paulo: Hemus, s/d.

———. *Assim falou Zaratustra*: um livro para todos e para ninguém. São Paulo: Martin Claret, 2001.

———. Primeira extemporânea: David Strauss, o devoto e o escritor. In: *Nietzsche*: *Obras incompletas* (Gérard Lebrun – Org.). São Paulo: Abril, 1979 (*Os Pensadores*).

———. *Crepúsculo dos ídolos ou a filosofia a golpes de martelo*. São Paulo: Hemus, s/d.

———. *Ecce Homo*: como alguém se torna o que é. São Paulo: Schwarcz, 1995.

———. *A filosofia na idade trágica dos gregos*. Lisboa: Edições 70, 1987.

———. *Fragmentos finais*. Brasília: EdUnb, 2002.

———. Gaia Ciência. Rio de Janeiro: Ediouro (/ Hemus), s/d. ———. A Gaia Ciência. In: *Nietzsche*: Obras incompletas (Gérard Lebrun – Org.). São Paulo: Abril (*Os Pensadores*), 1979.

———. *Humano, demasiado humano*: um livro para espíritos livres. São Paulo: Schwarcz, 2000.

———. O nascimento da tragédia ou helenismo e pessimismo. São Paulo: Schwarcz, 1993. ———. O nascimento da tragédia. In: *Ecce Homo*. São Paulo: Schwarcz, 1995.

———. Sobre a verdade e a mentira no sentido extra-moral. In: *Nietzsche*: *Obras incompletas* (Gérard Lebrun – Org.). São Paulo: Abril, 1979. (*Os Pensadores*)

———. *Sobre el porvenir de nuestras escuelas*. Barcelona: Tusquets, 1977.

———. *Vontade de potência*. Rio de Janeiro: Tecnoprint (/Globo), s/d.

OLIVEIRA, R. Para além da dialética: o anti-hegelianismo de Nietzsche e Deleuze. In: COSTA, S.; LINS, D.; VERAS, A. (Org.). *Nietzsche e Deleuze*: intensidade e paixão. Rio de Janeiro: Relume Dumará, 2000.

II. Freire e comentadores/ colaboradores – Gadotti e Giroux

FREIRE, P. Anotações sobre unidade na diversidade. In: *Política e educação*. São Paulo: Cortez, 2000.

———. Introducción del editor, por Paulo Freire. In: GIROUX, H. *Los profesores como intelectuales*: hacia una pedagogía crítica del aprendizage. Barcelona: Paidós, 1990.

———. *Pedagogia da autonomia*. São Paulo: Paz e Terra, 2001.

———. *Pedagogia da esperança*. Rio de Janeiro: Paz e Terra, 1993.

———. *Pedagogia do oprimido*. Rio de Janeiro: Paz e Terra, 2001.

GADOTTI, M. A esperança como imperativo existencial e histórico. In: *Paulo Freire*: uma biobibliografia. São Paulo: Cortez / Instituto Paulo Freire; Brasília: Unesco, 1996.

———. A prática à altura do sonho. In: *Paulo Freire*: uma biobibliografia. São Paulo: Cortez / Instituto Paulo Freire; Brasília: Unesco, 1996.

———. *Pensamento pedagógico brasileiro*. São Paulo: Ática, 1987.

GIROUX, H. Cultura, poder y transformación en la obra de Paulo Freire: hacia una política de la educación. In: *Los profesores como intelectuales*: hacia una pedagogía crítica del aprendizage. Barcelona: Paidós, 1990.

———. *Pedagogia radical.* São Paulo: Cortez / *Autores Associados*, 1983.

III. Autores em Filosofia Social e Política e da Educação:

AURÉLIO, M. *Meditações*. São Paulo: Abril (*Os Pensadores*), 1978.

BAKUNIN, M. *Deus e o Estado*. São Paulo: Cortez, 1988.

CERLETTI, A. Filosofia/Educação: os desafios políticos de uma relação complicada. In: KOHAN, W. (Org.). *Ensino de filosofia*: *perspectivas*. Belo Horizonte: Autêntica, 2002.

———.; KOHAN, W. *Filosofia no ensino médio*: caminhos para pensar seu sentido. Brasília: EdUnB, 1999.

GALLO, S. Filosofia e educação: pistas para um diálogo transversal. In: Kohan, W. (Org.). *Ensino de filosofia*: perspectivas. Belo Horizonte: Autêntica, 2002.

MARX, K. Contribuição à crítica da filosofia do direito de Hegel – Introdução. In: ———. *Manuscritos econômico-filosóficos*. Lisboa: Edições 70, 1989.

———. (& Friedrich Engels). *A ideologia alemã*. Lisboa: Editorial Presença, s/d.

———. *Manuscritos econômico-filosóficos*. Lisboa: Edições 70, 1989.

PETERS, M. *Pós-estruturalismo e filosofia da diferença*. Belo Horizonte: Autêntica, 2000.

SOREL, G.: Introdução: carta a Daniel Halévy. In: ———. *Reflexões sobre a violência*. São Paulo: Martins Fontes, 1992.

———. Cartas de George Sorel a Daniel Halévy. In: *Reflexões sobre a violência*. São Paulo: Martins Fontes, 1992.

———. El sindicalismo revolucionario. In: *Sindicalismo revolucionario*. Madri: Júcar, 1978.

STIRNER, M. *O falso princípio da nossa educação*. São Paulo: Imaginário, 2001.

IV. Comentadores em Filosofia Moderna/ Contemporânea

ARANTES, P. Hegel – Vida e Obra. In: *Hegel.* São Paulo: Abril (*Os Pensadores*), 1978.

CALVEZ, J. *O pensamento de Karl Marx* – v. I. Porto: Tavares Martins, 1959.

FREITAS, M. Práxis. In: *Logos* – v. IV. Lisboa: Verbo, 1992.

JAPIASSÚ, H.; MARCONDES, D. *Dicionário básico de filosofia.* Rio Janeiro: Zahar, 1999.

KONDER, L. *O futuro da filosofia da práxis.* São Paulo: Paz e Terra, 1992.

MÍLOVIC, M. *Dominação e ideologia*: Hegel e a idéia da modernidade. In: Revista Universa, v. I, n. 1, jun. 2002. Brasília: Universa, 2002.

MONDOLFO, R. *Marx y marxismo.* México: Fondo de Cultura Económica, 1969.

STOPPINO, M. Ideologia. In: Bobbio, N. *Dicionário da política.* v. I. Brasília: EdUnB, 1994.

VÁSQUEZ, S. (& Sanz, P.) *Filosofia da práxis.* Rio de Janeiro: Paz e Terra, 1986.

VI. Outros Comentadores em Pedagogia ou "Filosofia da Educação"

CAMPOS, D. *Psicologia da aprendizagem.* Petrópolis: Vozes, 1998.

DAVIS, C.; OLIVEIRA, Z. *Psicologia na educação.* São Paulo: Cortez, 2002.

MOREIRA, P. *Psicologia da educação.* São Paulo: FTD, 1996.

SEVERINO, J. A filosofia da educação no Brasil: esboço de uma trajetória. In: Ghiraldelli, P. *O que é filosofia da educação?* Rio de Janeiro: DP&A, 2001.

———. A filosofia na formação do jovem e a ressignificação de sua experiência existencial. In: KOHAN, W. (Org.). *Ensino de filosofia – perspectivas.* Belo Horizonte: Autêntica, 2002.

VII. Outros Autores Citados em Literatura de Ficção – e Política ou Educação

BAUDELAIRE, C. Abel e Caim–II/Revolta. In: *As flores do Mal.* São Paulo: Martin Claret, 2002.

J-P. Sartre entrevista Cohn-Bendit. In: GOMES, F. *A rebelião dos jovens – Paris, 1968.* Porto Alegre: Globo, 1968.

Programa do Encontro Internacional – Filosofia e Educação. Brasília: FE/UnB, 2001.

SADE, M. de. Diálogo entre um padre e um moribundo. In: *Discursos ímpios.* São Paulo: Imaginário, 1998.

SARTE, J-P. Entrevista de Jean-Paul Sartre para L'Arc'. In: Coelho, E. (Org.). *Estruturalismo*: antologia de textos teóricos. Lisboa: Portugália, s/d.

Qualquer livro do nosso catálogo não
encontrado nas livrarias pode ser pedido
por carta, fax, telefone ou pela Internet.

Autêntica Editora

Rua São Bartolomeu, 160 – Nova Floresta

Belo Horizonte-MG – CEP: 31140-290

Telefone: (31) 3423 3022

Fax: (31) 3446 2999

e-mail: vendas@autenticaeditora.com.br

Visite a loja da Autêntica na Internet:
www.autenticaeditora.com.br
ou ligue gratuitamente para

0800-2831322

Este livro foi composto em tipologia Garamond 10/13,
e impresso em papel Bookmax 80gr. na Sografe Editora e Gráfica Ltda.
Belo Horizonte, outubro de 2004.